中國學術思想 研究輯刊

三 編

林 慶 彰 主編

第 9 冊

《韓非子》思想體系

張 素 貞 著

花木蘭文化出版社

國家圖書館出版品預行編目資料

《韓非子》思想體系／張素貞 著 — 初版 — 台北縣永和市：花
木蘭文化出版社，2009〔民 98〕

序 6+ 目 4+174 面；19×26 公分
（中國學術思想研究輯刊 三編：第 9 冊）

ISBN：978-986-6528-81-1（精裝）

1.（周）韓非　2.學術思想　3.研究考訂

121.67　　　　　　　　　　　　　　　　　98001669

中國學術思想研究輯刊

三 編 第九冊　　　　　　　ISBN：978-986-6528-81-1

《韓非子》思想體系

作　　者　張素貞
主　　編　林慶彰
總 編 輯　杜潔祥
出　　版　花木蘭文化出版社
發 行 所　花木蘭文化出版社
發 行 人　高小娟
聯絡地址　台北縣永和市中正路五九五號七樓之三
　　　　　電話：02-2923-1455／傳真：02-2923-1452
網　　址　http://www.huamulan.tw 信箱 sut81518@ms59.hinet.net
印　　刷　普羅文化出版廣告事業
封面設計　劉開工作室
初　　版　2009 年 3 月
定　　價　三編 28 冊（精裝）新台幣 46,000 元

《韓非子》思想體系

張素貞　著

作者簡介

張素貞 Chang Su-Chen 小傳：

張素貞，臺灣省新竹縣人，一九四二年生。臺灣師大國文系文學士、師大國文研究所碩士，國立臺灣師大國文系教授。專長在韓非子、現代小說，兼研古典小說，講授韓非子、現代小說選讀，中國小說研討、新文藝散文、國音等課程。著有：《韓非子思想體系》、《韓非子解老喻老研究》、《韓非子難篇研究》、《國家的秩序 —— 韓非子》、《韓非子的實用哲學》、《中國文學與美學・古典小說的多采與變化》、《細讀現代小說》、《續讀現代小說》、《現代小說啟事》、《案頭春秋》等；校注譯有：《新編韓非子》。

提　要

　　《韓非子思想體系》為民國五十九年六月師大國文研究所碩士論文，李曰剛教授指導，以文言文撰就；後交由黎明公司出版，增訂版補充四篇語體論文。

　　《韓非子思想體系》乃就《韓非子》全文做通盤剖析理解，進而歸納排比論述所得。版本大抵選用陳啟天《韓非子校釋》及陳奇猷《韓非子集釋》之說，而參酌專家論述，排比聯串，提挈條目，彙敘篇題，評議事類，全力歸納彙整其思想體系。欲知人論世，故先論韓非之身世，詳其時代、祖國、生平梗概。再探其思想淵源，法家為內因；道、儒、墨、名家為外緣。欲明其思想基礎，而列哲學思想，探究人性自利、歷史進化、國家務力之基本主張。再進入重要政治思想，細論《韓非子》思想精華：因其帝王政治理想首在君主集權，故先談「任勢」，君主獨擅賞罰，即先論賞罰，而於「尚法」、「用術」節另做照應。法之成文、公布、詳明、必行，術之細密，有客觀考核，有微妙之運用，皆條列論說。韓非之耕戰富強論，堪稱論述之目標，列為國防思想。《韓非子》要求全民貴法尊君而行愚民之實，乃列教育思想。此中列證引述，由重而輕，層次分明，而論議僅能約略點出；為集中論說，乃撰「韓非學術思想評議」一章，藉由參引近代學者論述，客觀評議韓非思想之利弊得失，亦可視為本論文之研究結論。

目

次

序

　　遡夫中國法家學說，自春秋之初發展至戰國之末，總其歸趣，約可分爲五派：一爲尙利派，主致富圖強，獎勵實業，提倡武勇，如管仲、李悝是；二爲尙法派，主信賞必罰，憲令著於官府，賞罰必於民心，如商鞅是；三爲尙術派，主循名責實，君操其名，臣效其形，如申不害是；四爲尙勢派，主秉權立威，尊君卑臣，令行禁止，如愼到是；五爲大成派，主執一以靜，法術並重，勢利兼顧，而韓非即集法家諸派之大成。——折長補短，詭不失正，亦諸子思想界之雄也。蓋韓非所處之時代，乃封建貴族社會已形崩潰，七國分裂局面行將爲秦所統一。其學術思想之於政治、經濟、軍事、教育諸方面，所提出之一系列主張，適應當時歷史發展之必然趨勢，對諸侯封建社會之最後瓦解，及君主帝國之中央集權制度之建立起推動作用。故就人類歷史演變之過程言，韓非之思想實有其促進之功能；而就弱小國家在風雲險惡之世局中謀自力更生言，韓非之思想亦有其革命之作爲！

　　韓爲韓非之故國，在七雄中最爲弱小，西有秦，東有齊，南有楚，北有燕、趙、魏，強鄰四逼，虎視鷹瞵；而秦尤有併吞六合之心、席捲天下之勢，一旦秦有事於六國，韓則首當其衝；六國有事於秦，韓又須爲前驅；處境最爲困難，合從抑或連橫？此爲韓對外政策之難題，君臣惶惴，舉棋莫定。而韓非獨力排眾議，以爲從橫皆非所以持國，曰：「治強不可責於外，內政之有也。今不行法術於內，而事智於外，則不至於治強矣！」（〈五蠹〉）數以書諫韓王，而爲重人所扼不能用；非感於國勢之阽危，政情之腐敗，悲廉直不容於邪枉，乃觀往者得失之變，發憤著書。人或傳其書至秦，秦王見其〈孤憤〉、〈五蠹〉之篇，歎曰：「嗟呼！寡人得見此人與之游，死不恨矣！」李斯曰：

「此韓非之所著書也。」秦因急攻韓，求非，終因李斯、姚賈之讒而被害死於秦之雲陽。曠世奇才，飲恨以沒，惜哉！其王霸絕學雖不慮用於公室之家邦，而竟流行於虎狼之敵國，秦王資之以鞭笞天下，李斯援之以督責二世，亦可見其切於時勢之急矣！

雖然，韓非之學說有其獨到之長，亦非無其難免之短，史遷嘗謂其「喜刑名法術之學，而其歸本於黃老，引繩墨，切事情，明是非，其極慘礉少恩，皆原於道德之意。」大醇而小疵，要在上者能善用之耳！班孟堅所謂「使其人遭明王聖主，得其所折中，亦股肱之材」是也。門無子云：「韓子之書，言術而不止於術，言法而不止法，誠汰其沙礫，而獨存其精英，則其於治道，豈淺鮮哉！」（《刻韓子迂評》序）嚴又陵上光緒〈萬言書〉云：「居今日而言救亡學，惟申、韓庶幾可用。」而或者以為法家「廢親疏，而貴賤無別，斯亦苟矣」，而不知其如此觀念，非但未能體察當時社會背景及韓子學說真義所在，亦且蒙受世俗「刑不上大夫，禮不下庶人」畸形意識之支配所致。善哉王先謙云：「推迹當日國勢，苟不先以非之言，殆亦無可為治者。」然則當日之時勢究竟如何？陳深曾慨乎言之：「戰國之時，詐欺極矣。縱橫之徒徧天下，而以馳騖有土之君，以至君畏其臣，臣狎其君，而篡弒攸起，諸侯是以不救。此皆上下浮諂，而怠慢紓緩，不振於法之效也。」韓非為拯救時弊，不得不「明法制，去私恩」，（〈飾邪〉）「按名求實，嚴刑必誅，詳於法律，而篤於耕戰；凡以破浮淫之說，而振其怠慢紓緩之情也。」（《韓非子迂評》序）王先謙且云：「仁義者，臨民之要道，然非以待奸暴也。非論固然有所偏激，然其云明法嚴刑，救羣生之亂，去天下之禍，使強不陵弱，眾不暴寡，耆老得遂，幼孤得長，此則重典之用，而張弛之宜，與孟子所稱『及閒暇，明政刑』，用意豈異也？」（《韓非子集解》序）由此可知韓非之正刑名，務法術，乃純然從求全體人類平等出發，與為謀整箇社會幸福著眼，自應一視同仁，不容許特權存在，而有所例外：大義滅親，為故主復仇，石碏允稱謀國之純臣；王子犯法，與庶民同罪，商鞅誠是變法之良造。法一而固，刑公無私，何苟之有哉！

嗟乎，三代而後，申、韓之說常勝，歷二千餘年而不廢，蓋必有所以為韓非者在矣！世之操其術恒諱其跡而治者十九，如漢文所以臻刑措，武宣所以致興隆，有一出於黃老、申、韓之外者乎？其他優柔寡斷，而漢祚潛移，君子無取焉！唐子西云：「人君不問撥亂守文，要以制略為貴。後主寬厚，襟

量有餘，而權略智謀不足，識者咸以爲憂。申子覈名實，韓子切事情，施之後主，正中其病，藥無高下，要在對病。萬金良藥與病不對，亦何補哉！」此言當矣！何犿亦云：「竊謂人主智略不足，而徒以仁厚自守，終歸於削弱耳。故孔明手寫申、韓書以進後主，孟孝裕亦往往以爲言，蓋欲其以權略濟仁恕耳。」（校《韓子》序）勢所必至，非偶然也！

今日我中國，外有大患，內有杞憂，危難實不遜於戰代時之韓國，若不「賤虛名，貴實用，破淫浮，督耕戰，明賞罰，營富強」（何犿〈序〉），即不足以言治。陳壽《三國志》評：「諸葛亮之爲相國也，撫百姓，主儀軌，約官職，從權制，開誠心，布公道。盡忠益時者，雖讎必賞；犯法怠慢者，雖親必罰；服罪輸情者，雖重必釋；游辭巧飾者，雖輕必戮。善無微而不賞，惡無纖而不貶，庶事精練，循名責實。刑政雖峻，而無怨者！以其用心平而勸戒明也。」此即韓非所謂明察燭私、勁直矯姦之法術之士，故能公忠體國，勵精圖治，而政通人和，喁喁向化之若此也。法治精神之表現在此，而民主政治之實踐亦在此。我中國過去政治之未能充分發揮法治精神，即由於親疏貴賤之歪曲觀念作祟而然。門無子不云乎？「試以今之天下，與韓子之書，何非今日之弊？以韓子之言，用之於天下，何非今日之用？或曰刻矣，不可用也，是又不然。子產有言，夫火烈，人望而畏之，故鮮死焉。人之蹈水而不蹈火者，以火之不可犯也。使民視吾法如火之不可犯，則天下豈有不治，而民不寡過者乎？」（刻《韓非子迂評》序）語重心長，此皆值得民主政治社會國民，尤其知識份子之深切反省！

張素貞女弟從余治《韓非子》有年矣；十年前肄業師大國文系，即選修此項課程，精心悉力，每試必冠儕輩；五年後又入國文研究所深造，仍請以《韓非子》爲撰述論文之對象，余因爲規畫綱領，開具書目，屬先將其書五十五篇作全面分析探討，再參稽晚近各家論著，期以兩年工夫，輯成長編，然後再排比條目，爬梳贅緒，仔細寫成。洎集稿，覺頗有可觀，遂稍予潤色，鼓勵出版。良以其書，開始於韓非之身世及其學術思想之淵源，有翔實之籀敍，可供知人論世、探本窮原之通盤認識；其次將韓非之哲學思想、政治思想、國防思想、教育思想，分門別類，提要鈎玄，剖陳其崖略，俾讀者而可有清晰之瞭解；最後更殿以韓非學術思想之評價一章，平議其立言之得失及應世之效用，說皆允洽而穩當。初治《韓子》之學者讀之，既可獲窺《韓子》思想之全貌，若網在綱，有條不紊；而又可進一步鑽挈韓非之精義奧恉，規

模粗具，線索可尋。以之列於《韓非子》論述之林，不失爲條貫統序之作，題之曰：「《韓非子》思想體系」，寧不其然！書付剞劂後，素貞請爲一言於卷耑，因略論韓非在法家諸派中之地位，與其著書之背景，其學說之大醇小疵，有功於治道及民主之特殊貢獻，而爲世之學究一曲，斷章取義，厚誣古人者戒；亦爲今之予智自雄，欺世盜名，侮衊法家者譴。是爲序。

鹽城李曰剛健光甫識於白雲書屋

中華民國 63 年 4 月 4 日

自 序

　　韓非，弱韓之諸公子，曠代之思想家也。方戰國之末，嬴秦獨強，山東棼亂，韓腹背受敵，處境最難。非亟思所以救亡圖存之道，爰發〈孤憤〉之徽音，蘊不朽之偉構。其書集先秦法家思想之大成，爲吾國古代政治學要籍，嘗奠強秦帝國一統之基，啓盛漢王霸雜糅之局，孔明用以固蜀，荆公取以濟宋，甚至東鄰日本之明治維新，亦多借箸於斯，影響數千年之君國統治，既深且巨。故欲明吾國政治思想演變之迹，《韓非子》之攈摭，實有其必要。

　　韓非洞明時世癥結，覷破人性弱點，用思深刻，析理透徹；又文詞富贍，氣勢雄偉，引合繩墨，言切事情。以是代有傳習，蔚爲大觀。然風尙與世有異，約而言之：自秦至三國，多目爲政治學書，以求運用於實際政治，若秦始皇、李斯、鼂錯、韓安國、王符、仲長統、崔寔、鍾繇、陳群、諸葛亮等是也。由唐迄明，則視爲古文圭臬，徒歆效其雄詞博辯，而遺忽其精思奧義，惟宋·王安石、明·張居正二人，尙知所斟酌耳。有清乾、嘉學者之考校，徵證豐富，而尟有能及其立言大旨者；重以儒者入主出奴，好事訾議，致使其哲理湮霾，絕學晦冥。直至咸、同之季，始漸察知其書有裨於國計民生，非局限於慘礉刑名而已，於是《韓非子》之學，乃復大明於世。

　　《韓非子》，《漢書·藝文志》著錄五十五篇，今完全具在。其書十九爲非所自著，且作於入秦之前；但亦有記入秦之言論，而爲後人所輯述者，如〈存韓篇〉；又有屬入他人之言論者，如〈初見秦篇〉是。原韓非之思想體系，固以帝王政治理想爲依歸，主尊君貴法，謀富國強兵。今就《韓非子》本文，參稽鉤索，務求詳密實在，不敢牽強附會。至其制作考證，自容肇祖氏以來，前賢論述備矣，茲不贅及。

　　有關《韓非子》校釋之著述，以清王先愼《集解》，及今人陳啓天《校釋》、
陳奇猷《集釋》爲最顯。而陳啓天氏網羅中日學人箋注、詁釋數十種，詳加
推考，增訂版復補入新解數家，尤稱完備。然抉發之條例，散見各篇注文，
無以見其大體。近代學者以哲學法理概念研治《韓非子》者多矣，或評議事
類，而提挈簡括，條目欠精；或彙敘篇題，而排比聯串，綱領未備。用是不
揣謭陋，綴輯羣言，分門別類，條貫統序，期能略窺韓非之眞貌。承本師鹽
城李健光先生不辭蒙曲，指點塗徑，循循誘導，幸底於成；唯學殖所限，未
能盡暢其言，牴牾掛漏，在所難免。苟能闡微發覆，有一得之愚，則吾師之
啓示也。

張素貞自序

中華民國 59 年 3 月

第一章 韓非之身世

第一節 韓非之時代

周秦之際，道術散裂，諸子各致一曲，大抵皆有所本，踵事增華，欲救一時之急，是以俊乂爭鳴，異葩耀采。《漢書藝文志·諸子略》云：

> 諸子十家，其可觀者，九家而已。皆起於王道既微，諸侯力政，時君世主，好惡殊方，是以九家之說，蠭出並作，各引一端，崇其所善，以此馳說，取合諸侯。

蓋一時代有一時代之社會背境，即發為一時代之思想學術，若影之隨形，響之應聲，無或差忒，知人首須論世，欲探究韓非之思想體系，勢不得不先明瞭其時代概況。

韓非子當戰國之末，正值封建政治蛻化而為君主政治，戰國即將演為帝國之前夕。戰國七雄，紛爭擾攘，與春秋顯然不同，《史記·六國年表·序》云：

> 陪臣執政，大夫世祿，六卿擅晉權，征伐會盟，威重於諸侯。及田常殺簡公而相齊國，天下晏然弗討，海內爭於戰功矣。三國終之卒分晉，田和亦滅齊而有之，六國之盛自此始。務在彊兵并敵，謀詐用而縱橫短長之說起，矯稱蠭出，誓盟不信，雖置質剖符，猶不能約束也。秦始小國僻遠，諸夏賓之，比於戎、翟。至獻公之後，常雄諸侯。論秦之德義，不如魯、衛之暴戾者；量秦之兵，不如三晉之彊也。然卒并天下，非必險固便，形勢利也，蓋若天所助焉。

諸侯失勢，大夫專政，七國新興，競謀富國彊兵，轉相攻伐，無復禮義之可言。顧亭林於《日知錄・周末風俗》中嘗深致感慨云：

> 春秋時，猶尊禮重信，而七國則絕不言禮與信矣；春秋時，猶宗周王，而七國則絕不言王矣；春秋時，猶嚴祭祀，重聘享，而七國則無其事矣；春秋時，猶論宗姓氏族，而七國則無一言及之矣；春秋時，猶宴會賦詩，而七國則不聞矣；春秋時，猶有赴告策書，而七國則無有矣。邦無定交，士無定主。此皆變於一百三十三年之間，史之闕文，而後人可以意推者也。不待始皇之一并天下，而文、武之道盡矣。

春秋承西周餘緒，尚存文、武遺風；戰國則政治根本蛻化，封建制度瓦解，貴族政治轉趨於君主中央集權，經濟制度上，亦由平和之農莊制度，變爲激烈之軍國爭霸，於是人民苦於戰亂，競於紛奪，棄禮義道德而不顧。劉向《戰國策》序云：

> 仲尼既沒之後，田氏取齊，六卿分晉，道德大廢，上下失序。至秦孝公，捐禮讓而貴戰爭，棄仁義而用詐譎，苟以取強而已矣。夫篡盜之人，列爲侯王，詐譎之國，興立爲強。是以轉相放（仿）效，後王師之，遂相吞滅，并大兼小，暴師經歲，流血滿野，父子不相親，兄弟不相安，夫婦離散，莫保其命，潸然道德絕矣。

在此列國貪饕無恥，競進無厭之下，孟、荀儒術之士棄捐於世，而蘇、張游說權謀之徒，見重於時，皆時代自然之影響。而韓非其所以不見用於宗國者，即以「七國絕不論宗姓氏族」之故。

　　戰國七雄，分立互爭，其所共同要求者，厥爲對外爭取生存與發展，對內謀求改革與統一，以確保其君主統治。承襲舊制，勢不能因應時變，欲達此目的，即不得不變法維新。法家思想，切合時需，列國競事改革，以求富強：魏文侯用李悝，作盡地力之教，並創平糴法，取有餘以補不足。楚悼王用吳起「明法審令，捐不急之官，廢公族之疏遠者，以撫養戰鬥之士」（《史記》本傳）。韓昭侯用申不害，內修政教，外應諸侯。趙武靈王違眾議，胡服騎射，以備燕、胡、秦、韓之邊。齊威王獎即墨大夫，罰阿大夫，以內飭吏治，外勝諸侯。燕昭王禮郭隗，將樂毅，弔死問生，與百姓同甘苦。惟六國之變法維新，多屬暫時振作，其能徹底變法維新者，唯一秦國耳。

　　秦孝公即位，恥諸侯卑秦，求奇計致強，用商鞅變法。以軍國主義爲目

的，法治主義爲手段，摧毀封建貴族，抑制新興商人游士，於二十餘年之內，奠定君主集權政治之新基。爾後秦卒滅六國，建立一統之帝國，起初固由於商鞅之變法以奠定基礎，漸次充實擴大，最終乃由始皇、李斯完成其大業，開曠古未有之局。或謂李斯陽殺韓非之身，陰用韓非之言，則始皇之霸業殆亦得力於韓非之學說也。韓非之時代，正值此戰國末期，亦即由戰國變爲帝國之前夕。換言之，韓非乃生於國際競爭最烈，帝國行將完成之時代，由此時代，產生韓非之思想，亦由韓非之學說，促進此時代。謂其爲結束紛亂之局面，而創造新時代大思想家，誰曰不宜。

第二節　韓非之祖國

一、韓國之政清

　　韓非之祖國爲韓。據《史記・韓世家》：

> 韓之先，與周同姓，姓姬氏。其後苗裔事晉，得封於韓原，曰韓武子。武子後三世，有韓厥，從封姓爲韓氏。……晉作六卿，而韓厥在一卿之位，號爲獻子。……晉頃公十二年，韓宣子與趙、魏共分祁氏、羊舌氏十縣。晉定公十五年，宣子與趙簡子侵伐范、中行氏。……康子與趙襄子、魏桓子共敗知伯，分其地，地益大，大於諸侯。……景侯虔（按當作處）元年，伐鄭取雍丘。……六年，與趙、魏俱得列爲諸侯。……（文侯）二年，伐鄭，取陽城，伐宋，到彭城，執宋君。七年伐齊至桑丘，……九年伐齊至靈丘。……文侯卒，子哀侯（韓虔）立。哀侯元年，與趙（籍）、魏（斯）分晉國。二年滅鄭，因徙都鄭。……（昭侯）八年，申不害相韓，修術行道，國內以治，諸侯不來侵伐。……十一年，昭侯如秦，二十二年，申不害死。

由上可知，韓自立國以來，堪稱強盛。申不害相韓，政績卓著，〈老子韓非列傳〉載：

> 申不害者，京人也。故鄭之賤臣。學術以干韓昭侯，昭侯用爲相，內修政教，外應諸侯，十五年，終申子之身，國治兵彊，無侵韓者。

然韓非於其〈定法篇〉，批評申子之失云：

　　申不害，韓昭侯之佐也。韓者，晉之別國也。晉之故法未息，而韓
　　之新法又生；先君之令未收，而後君之令又下。申不害不擅其法，
　　不一其憲令，則姦多。故利在故法前令，則道之；利在新法後令，
　　則道之。新故相反，前後相悖，則申不害雖十使昭侯用術，而姦臣
　　猶有所謁其辭矣。

慨嘆申子徒術而無法，故不能如商鞅之在秦建立永久新法基礎。韓乘秦未甚強
盛之時，苟能明法飭令，勵精圖治，原可塞秦東出之路，然而不害死，昭侯作
高門，不恤民意而益奢，其後歷經數世，皆不見有任何作爲，政治始終爲貴族
所壟斷，欲興利除弊，阻礙重重，惟有任其腐敗已。故韓非發爲〈孤憤〉，亟嘆
當塗之人擅事要，敵國爲之頌，群臣爲之用，左右爲之匿，學士爲之談，法術
之士無由得進，人主愈蔽，大臣愈重，至法術之士與當塗之人，勢不兩存。於
〈和氏篇〉又自比和璧，感傷吳起肢解，商君車裂，其用意深矣。

二、韓國之處境

　　韓乃大陸中原之山國，略有今河南西北部，陝西東部，地方九百餘里，
地多磽瘠，不如東部平原之肥沃，《戰國策·韓策》張儀爲秦連橫說韓王，極
稱其貧弱云：

　　韓地險惡，山居，五穀所生，非麥而豆，民之所食，大抵豆飯藿羹。
　　一歲不收，民不饜糟糠。地方不滿九百里，無二歲之所食。

雖不免浮誇，亦接近事實。除貧而外，韓介於諸大國之間，西有秦，南有楚；
東有齊，北有趙，魏，故曰：「韓，四擊之國也」。在七雄之中，韓最爲弱小，
又與強秦逼處，秦有事於六國，韓先受其害；六國有事於秦，韓又須爲其先
驅，處境最爲困難。韓非於〈存韓篇〉云：

　　韓事秦三十餘年，出則爲扞蔽，入則爲蓆薦，秦特出銳師取地，而
　　韓隨之怨懸於天下，功歸於強秦。且夫韓入貢職，與郡縣無異也。……
　　夫韓，小國也，而以應天下四擊，主辱臣苦，上下相與同憂久矣。

又同篇附李斯上韓王書云：

　　韓居中國，地不能滿千里，而所以得與諸侯班位於天下，君臣相保
　　者，以世世相教事秦之力也。先時，五諸侯共伐秦，韓反與諸侯先
　　爲雁行，以嚮秦軍於關下矣。諸侯兵困力極，無奈何，諸侯兵罷。
　　杜倉相秦，起兵發將以報天下之怨，而先攻荊。荊令尹患之，曰：

夫韓以秦爲不義，而與秦兄弟，共苦天下。已又背秦，先爲雁行以
攻關。韓則居中國，展轉不可知。天下共割韓上地十城以謝秦，解
其兵。夫韓嘗一背秦，而國迫地侵，兵弱至今。……今趙……欲伐
秦，其勢必先韓而後秦。

韓對外不靖，又爲秦所苦，此不僅韓亡前三十年如此，即自宣惠王以來，亦莫
不然。執禮愈卑，割地愈多，而國勢亦愈弱，唯苟延殘喘耳。秦昭襄王卒，韓
桓惠王衰経入弔祠，視喪事，此爲韓亡前十九年之事。國幾不國，於此可見一
斑。合從乎？連橫乎？此爲韓對外政策之難題。以過於逼秦，不得不連橫；以
過於受辱，不得不合從。或從或橫，舉棋莫定。韓非以爲外交不足恃，從橫皆
非治強之道，治強之根本決策乃在勤飭內政，任法用術，而不用縱橫之說。（詳
見〈五蠹篇〉）然韓本弱小，不易有爲，韓非雖有強國之法術，內爲重人所把持，
無從進用，外爲強鄰所壓制，不容施展，懷寶迷邦，實堪痛惜。

第三節　韓非之生平

一、韓非之生卒

　　韓非生當弱韓危亡之際，從國姓爲韓氏，名非，《史記》本傳謂爲韓之諸
公子，近人陳千鈞疑其爲釐王之子（見《學術世界》一卷二期《韓非新傳》），
陳奇猷氏〈韓非生卒年考〉，推定其生於襄王之末，則或爲襄王之子。今觀〈韓
非傳〉云：「非見韓之削弱，數以書諫王，韓王不能用。」韓非雖難確知其爲
何王之子，而其爲不得勢之宗室，則可斷言。

　　韓非之生年，史書不詳，近人之推測不一：

　　（一）生於韓釐王十五年前後 —— 錢穆《先秦諸子繫年考辨》云：「斯初
爲小吏，後乃從學荀卿，入秦蓋三十餘歲。……韓非與李斯同學於荀卿，其
使秦在韓王安五年。翌年見殺，時斯在秦已十五年。若韓、李年略相當，則
非壽在四十五十之間。」

　　（二）生於韓釐王初年 —— 陳千鈞《韓非新傳》：「據本書〈問田篇〉，堂
谿公與韓非同時。據〈外儲說右上〉，堂谿公又與昭侯同時。大約堂谿公在昭
侯時年尚輕，不過二三十歲；及其與韓非談論時已九十餘歲，則其時韓非不
過二十餘歲。大約韓非之年較長於李斯，其被殺時已六十歲，約生於韓釐王

初年。」

（三）生於韓襄王末年──陳奇猷〈韓非生卒年考〉云：「李斯欲西入秦而辭荀卿，則李斯讀韓非書當在始皇元年前一或二年。是韓非之學於李斯入秦前已大有成就，其年齡當可能為五十歲左右之人。準此推算，韓非被害當在六十五歲左右。又堂谿公既曾與韓昭侯對答，以堂谿公生於昭侯初年計算，至昭侯末約二十五歲，至韓釐王末約八十五歲，是年韓非在二十五歲以上，韓非以此時與堂谿公對問，於時代亦合。故韓非卒年六十五而生於韓襄王末年之說，信而有徵。」

第一說，主要假定韓非之年與李斯相當，近人陳啓天氏贊成其說（見〈韓非及其政治學〉）。然陳奇猷氏駁之云：「韓、李同學，不能即為同年，孔子弟子曾參少孔子四十六歲，仲由僅少孔子九歲，曾、仲二人相距三十七歲，皆為仲尼弟子，同門而學，是其顯明之例，則其說不攻自破矣。」如是，此說不免臆測，備考可也。

第二說，主要假定書中之二堂谿公為一人，且所記信實無疑。陳啓天氏否定此說，云：「今按〈問田篇〉，乃韓非後學所記。堂谿公以『逢遇不可必，患禍不可斥』，勸非不必堅主法術。其時非學當已成，且已數諫王而不聽，此決非二十餘歲時所能辦。如〈問田篇〉的堂谿公與〈外儲說右下〉（按當為〈外儲說右上〉）的堂谿公確為一人，則堂、韓晤談時，堂年已百歲，韓年至少亦在三十以上。因此陳氏的假定，未必可據。」如此，則此說亦不可無疑。

第三說，乃就陳千鈞之假設而修定，若〈問田篇〉所載不盡可信，堂谿公之年歲又不合情理，則此說仍當備考。

總之，關於韓非之生年，文獻不足徵，姑錄諸說如上，藉供參證，苟非有新史料出現，未可遽作定論。

非之卒年，《史記》似有二說：

（一）卒於韓王安五年（即秦始皇十三年，西元前 234 年）。〈韓世家〉云：「王安五年，秦攻韓，韓急，使韓非使秦，秦留非，因殺之。」

（二）卒於秦始皇十四年（西元前 233 年）。〈始皇本紀〉：「十四年，韓非使秦，秦用李斯謀留非，非死雲陽。」〈六國表〉載始皇十四年：「（秦將）桓齮定平陽、武城、宜安，韓使非來，我殺非。」

王先愼《韓非子集解》云：

　　《史記‧秦本紀、六國表》並以韓非使秦在始皇十四年，〈韓世家〉

屬之王安五年。按秦攻韓，〈紀〉、〈表〉未書。始皇十三年用兵於趙，
十四年定平陽、武城、宜安，而後從事於韓，則非之使秦，當在韓
王安六年，〈紀〉、〈表〉爲是。吳師道以非爲韓王安五年使秦，據〈世
家〉言之。不知作五年者，史駁文也。

今按非卒年與使秦之年似不相同，始皇十三年（韓王安五年），秦用兵於趙，李
斯曾請先取韓。故韓非使秦上始皇書云：「今臣竊聞貴臣之計，舉兵將伐韓。」
既云將伐韓，即非正伐韓。非勸秦勿「釋趙氏之患，而攘內臣之韓。」以堅趙
合從之企圖。李斯上秦王書云：「秦與趙爲難，韓必爲腹心之病而發矣。」又李
斯使韓云：「今趙欲伐秦，其勢必先韓而後秦。」（皆見《韓非子・存韓篇》）非
使秦，斯使韓，各爲其主。非受害，當在斯反秦之後，距非使秦之時，必有若
干時日，玩〈韓世家〉「秦留非」之辭可知。〈世家〉就非使秦之年言，故謂韓
王安五年，而連帶記其見害；〈紀〉、〈表〉就非見害之年言，而連帶記其使秦。
王先愼以爲史之駁文，《國策》吳注：「始皇十三年（西元前 234 年）上書，次
年（西元前 233 年）見殺。」亦依非使秦與見害之年不同而分，極是。

韓非在韓之事迹，概具於《史記・老子韓非列傳》：

韓非者，韓之諸公子也，喜刑名法術之學，而其歸本於黃老。非爲
人口吃，不能道說，而善著書。與李斯俱事荀卿，斯自以爲不如非。
非見韓之削弱，數以書諫韓王，韓王不能用。於是韓非疾治國不務
修明其法制，執勢以御其臣下，富國彊兵，而以求人任賢，反舉浮
淫之蠹，而加之於功實之上。以爲儒者用文亂法，而俠者以武犯禁，
寬則寵名譽之人，急則用介冑之士。今者所養非所用，所用非所養。
悲廉直不容於邪枉之臣，觀往者得失之變，故作〈孤憤〉、〈五蠹〉、
〈內外儲〉、〈說林〉、〈說難〉十餘萬言。然韓非知說之難，爲〈說
難〉書甚具，終死於秦，不能自脫。〈說難〉曰……人或傳其書至秦，
秦王見〈孤憤〉、〈五蠹〉之書曰：「嗟乎，寡人得見此人，與之游，
死不恨矣。」李斯曰：「此韓非之所著書也。」秦因急攻韓。韓王始
不用非，及急，迺遣非使秦。秦王悅之，未信用。李斯、姚賈害之，
毀之曰：「韓非、韓之諸公子也。今王欲并諸侯，非終爲韓，不爲秦，
此人之情也。今王不用，久留而歸之，此自遺患也；不如以過法誅
之。」秦王以爲然，下吏治非。李斯使人遺非藥，使自殺。韓非欲
自陳，不得見。秦王後悔之，使人赦之，非已死矣。

韓非與李斯師荀時期，史無明文。一般治《韓非子》者，大抵以爲在荀卿爲
蘭陵令以後，李斯入秦以前，蓋李斯楚上蔡人，荀卿爲楚蘭陵令，師事地點
當在蘭陵。《史記・春申君列傳》云：「考烈王元年，以黃歇爲相。……春申
君相楚八年，……以荀卿爲蘭陵令。」考烈王八年，即秦昭王五十二年，齊
王建十年，韓桓惠王十八年（西元前 255 年）。李斯入秦，依《史記・李斯列
傳》：「學已成，度楚王不足事。……故斯將西說秦王矣。至秦，會莊襄王卒。
李斯乃求爲秦相文信侯呂不韋舍人。」可知李斯入秦之確切時間，乃秦莊襄
王三年，即韓桓惠王二十六年（西元前 247 年），韓、李師荀，當在此以前。
至〈孟子荀卿列傳〉所載；「春申君死，而荀卿廢，因家蘭陵，李斯嘗爲弟子。」
蔣伯潛《諸子通考》云：「荀卿既終老蘭陵，乃設教著書。其弟子如韓非、李
斯、浮丘伯，均著名。」是謂荀卿卸官家居而後設教。又春申君死，已在始
皇九年，由莊襄王三年入秦至此，斯在秦已近十年，若泥此以爲斷，則失實
矣。按「嘗」字下得好，蔣伯潛云：「『春申君死而蘭陵廢』者，非謂任蘭陵
令至十七年之久，迨春申君死而始免也。蓋荀子雖已不爲令而尙家蘭陵，春
申君亦尙禮敬之。及春申君死，荀子在楚，乃不復有見用之望耳。」庶乎近
之。

荀卿於儒學已略有修正，韓非師荀，乃以儒之「寬緩」，難治「急世之民」，
終捨儒入法。綜觀《韓非子》中，提及荀卿者唯二處（見〈顯學〉、〈難三〉），
此外非獨無稱引師說處，且目儒爲五蠹之一。或韓非急欲救世，既喜刑名法
術，於儒自不能容，故忍而絕其師生之誼歟！

二、韓非之使秦

韓非雖爲韓之宗室，未被韓王重用，然謀國之忠，始終如一，數諫韓王，
欲圖富強。〈始皇本紀〉云：「十年，李斯說秦王，請先取韓，於是使李斯下
韓，韓王患之，與韓非謀弱秦。」非本傳云：「秦因急攻韓。韓王始不用非，
及急，迺遣非使秦。」據此，則韓非使秦，乃韓王迫不得已而用之，欲藉其
才學，緩秦攻勢，而救韓之危亡於萬一耳。韓非於韓王安五年（西元前 234
年）使秦，其使秦之任務，端在緩秦攻勢以救危韓，韓非至秦，即上書勸始
皇先伐趙以除大敵，實爲祖國緩兵：

> 今臣竊聞貴臣之計，舉兵將伐韓。夫趙氏聚士卒，養從徒，欲贅天
> 下之兵，明秦不弱，則諸侯必滅宗廟，欲西面行其意，非一日之計

也。今釋趙氏之患，而攘內臣之韓，則天下明趙氏之計矣。……均如貴臣之計，則秦必爲天下兵質矣。……今賤臣之愚計：使人使荊，重幣用事之臣，明趙之所以欺秦者；與魏質，以安其心；從韓而伐趙，趙雖與齊爲一，不足患也。二國事畢，則韓可移書定也。（見《韓非子・存韓篇》）

始皇以書下李斯議，斯持異議云：

秦之有韓，若人之有腹心之病也。虛處則㤥然若居濕地，著而不去，以極走則發矣。……非之來也，未必不以其能存韓也爲重於韓也，辯說屬辭，飾非詐謀，以釣利於秦，而以韓利闚陛下。夫秦、韓之交親，則非重矣。此自便之計也。臣視非之言，文其淫說靡辯，才甚。臣恐陛下淫非之辯，而聽其盜心，因不詳察事情。今以臣愚議，秦發兵而未名所伐，則韓之用事者以事秦爲計矣。臣斯請往見韓王，使來入見，大王見，因內其身而勿遣，稍召其社稷之臣，以與韓人爲市，則韓可深割也。（〈存韓篇〉）

始皇以爲然，因遣斯使韓。斯至韓，久不得見，乃上書恫嚇，謂「秦必釋趙之患而移兵於韓。」（〈存韓篇〉）惟未能使韓王入秦。方斯使韓期間，非仍留秦（〈始皇本紀〉）；及其返秦，又恐始皇重用韓非，奪其權柄，乃讒殺韓非。王充《論衡》云：「傳書李斯妬同才，幽殺韓非於秦，後被車裂之罪。」（〈禍虛篇〉）夫韓非明弱國無外交，從橫不可恃，著〈說難〉甚具，而不得自脫者何也？不過「臨危授命」，爲祖國而殉難耳。王充《論衡》評曰：「韓蚤信公子非，國不傾危。……假令非不死，秦未可知。」（〈書解篇〉）可謂知音。司馬光乃云：「非爲秦畫謀，而首欲覆其宗國，以售其言，罪固不容於死矣，烏足愍哉！」（《資治通鑑》始皇十四年）實非確論。

三、韓非之年表

西元前	秦紀年	韓紀年	國際政情	韓非事略
359	孝公三年	懿侯十二年	秦用商鞅變法。	
358	四	昭侯元年	韓昭侯立。	陳奇猷考堂谿公約生於此時前後。
351	一一	八	申不害相韓。	
338	二四	二一	秦孝公卒、商君死。	
337	惠文王元年	二二	韓相申不害卒。	

332	六	宣惠王元年	韓宣惠王立。	
311	惠文王後元十四年	襄王元年	韓襄王立。張儀再次由秦至魏。	
310	武王元年	二	張儀死於魏。	
300	昭襄王七年	一二	秦樗里疾卒,魏冉爲相。	
298	九	一四	韓與齊、魏共擊秦。	陳奇猷考韓非約生於此時前後。
297	一〇	一五	楚懷王入朝秦,秦留之。樓緩爲秦相。	
296	一一	一六	韓與齊、魏共擊秦,秦與韓武遂和。	
295	一二	釐王元年	韓釐王立,秦樓緩免,穰侯魏冉爲相。	
293	二四	三	白起擊韓伊闕,斬首二十四萬。	陳千鈞考韓非約生於此時前後。
292	一五	四	秦魏冉免相。	
291	一六	五	秦拔韓宛。	
290	一七	六	韓與秦武遂。	
289	一八	七	秦擊魏,取六十一城。	
288	一九	八	十月秦王稱帝;十二月復爲王。	
286	二一	一〇	秦敗韓兵夏山。	
284	二三	一二	秦與燕、趙、韓共擊齊,破之。	
282	二五	一四	韓與秦會兩周間。	
281	二六	一五	秦魏冉復爲相。	
280	二七	一六	秦白起攻趙。	陳啓天考韓非約生於此時前後。
279	二八	一七	秦白起攻楚。秦、趙會澠池。	
278	二九	一八	秦拔楚郢,楚王走陳。	
277	三〇	一九	秦取巫郡及江南爲黔中郡。	
276	三一	二〇	秦伐魏,魏封無忌爲信陵君。	
275	三二	二一	秦攻魏至大梁,韓救魏,韓敗。	
274	三三	二二	秦攻魏,敗芒卯於華陽。	
273	三四	二三	趙、魏攻韓華陽,秦來救,敗之。	陳奇猷考韓非數以書諫韓王當在此時前後。
272	三五	桓惠王元年	秦助韓、魏、楚共伐燕。	
271	三六	二	秦用范雎爲客卿。秦攻齊。	
270	三七	三	秦攻趙,趙奢大敗之。	

269	三八	四	秦攻趙閼與，不能取。	
268	三九	五	秦拔魏懷。	
267	四〇	六	秦質太子死魏，歸葬。	
266	四一	七	秦逐穰侯，相范雎。秦攻魏。	
265	四二	八	趙相平原君，秦拔趙三城。	
264	四三	九	秦白起攻韓，拔九城。	
263	四四	一〇	秦取韓南郡。	
262	四五	一一	秦攻韓，取十城。楚相黃歇。	
261	四六	一二	趙廉頗軍長平距秦。秦攻韓上黨，上黨民走降趙。	
260	四七	一三	秦白起大破趙長平，殺趙括卒四十萬。	
259	四六	一四	韓獻垣雍與秦。始皇生。	
258	四九	一五	秦張唐攻魏。	
257	五〇	一六	秦王齕圍趙邯鄲，信陵君、平原君、春申君共救趙。	
256	五一	一七	秦取韓陽城、負黍，取趙二十餘縣，受西周三十六城。	
255	五二	一八	周亡。蔡澤代范雎相秦。	荀卿自齊適楚爲蘭陵令。
254	五三	一九	各國朝秦，韓王亦入朝。	韓非、李斯俱事荀卿，疑在此前後。
253	五四	二〇	秦王郊見上帝於雍。	
251	五六	二二	秦昭襄王卒，韓王衰絰入弔祠，諸侯皆使其將相來弔祠，視喪事。	
250	孝文王元年	二三	秦孝文王卒。	
249	莊襄王元年	二四	呂不韋相秦，秦取東周，伐韓，韓獻成皋、鞏。	
248	二	二五	秦取趙三十七城。	
247	三	二六	秦拔上黨。魏信陵君率五國兵敗秦軍於河外。	李斯入秦。韓非與之俱事荀卿，當在此時前。
246	始皇帝元年	二七	秦定趙晉陽。	李斯爲呂不韋舍人。
245	二	二八	秦攻魏卷。	
244	三	二九	秦取韓十三城。	
243	四	三〇	魏信陵君卒。	
242	五	三一	秦取魏二十城。	
241	六	三二	韓、趙、魏、楚、燕共擊秦。	

240	七	三三	秦拔魏汲。	
239	八	三四	秦擊趙。	陳啓天疑韓非著書,在此時前後。
238	九	王安元年	秦拔魏垣、蒲陽。春申君死。	陳啓天疑韓非數以書諫韓王在此時前後。
237	一〇	二	秦呂不韋免相。李斯諫止逐客,漸用事,請先取韓。	韓王與韓非謀弱秦。
236	一一	三	秦擊趙鄴、閼與,取九城。	
235	一二	四	秦助魏擊楚,呂不韋卒。	
234	一三	五	秦攻趙平陽。	韓非使秦,並上書言存韓。秦用李斯謀留非。
233	一四	六	秦取趙平陽、武城、宜安。李斯使韓。	韓非因李斯之害下獄,斯遺非藥,非死雲陽。
232	一五	七	秦取趙狼孟。	
231	一六	八	秦發兵受韓南陽地。	
230	一七	九	秦攻韓,取其地爲潁川郡。	韓王安被虜。韓亡。

第二章　韓非學術思想之淵源

第一節　韓非學術思想之內因

本師鹽城李健光先生曰：

《楞伽經》云：「一切法因緣生。」言一切事物皆因緣和合而生也。因緣者何？凡一事一物之生，直接與以強力者爲因，間接助以緣力者爲緣。例如種子爲因，雨露農夫等爲緣。此內因外緣和合而生穀。學說思想之形成亦然。任何學說思想之完整體系，皆逐漸發展而成，必有若干成分之承襲，不可能全部出於創造。韓非政治學說集法家之大成。在韓非以前已先後有不少法家在實行上或理論上作若干貢獻，韓非予以綜合，再益以己見，遂成爲法家學說之完整體系，此韓非以前之諸法家，即爲韓非學說思想內在形成之因力，亦爲其主要淵源。(〈韓非子引岢〉)

此論韓非學術思想形成之淵源最爲精覈。由春秋戰國以迄帝國之一貫趨勢，在以君主政治代替封建政治，法家爲此種趨勢下之產物，同時以有法家更能促進此種趨勢之完成。先秦法家學說以管仲爲開山，此後有子產、李悝、吳起、商鞅、申不害、愼到等，或有法治之理論，或具法治之事功，對韓非學術思想之形成，各有其相當之影響。

一、管　仲

管仲、名夷吾，春秋齊之潁上人，相齊桓，霸諸侯，通貨積財以富國，

作內政寄軍令以強兵，講求術數之運用（詳見《史記・管晏列傳》），與戰國之法家思想相合。所傳《管子》一書，《七略》、〈隋志〉悉列之法家，然內容駁雜，自晉・傅玄以來，宋・葉適、明・宋濂、及近人胡適、蔣伯潛等皆謂非管子自著。今若悉據以證韓非思想必出於此，或難免武斷；惟法家言之所以依託於彼者，良以其言論行事多合於法家之旨趣。茲條述其大要如次：

（一）貴　法

《管子》曰：

> 是故先王之治國也，不淫意於法之外，不爲惠於法之內也，動無非法者，所以禁過而外私也。（〈明法〉）

> 夫法者，所以興功懼暴也；律者，所以定分止爭也；令者，所以令人知事也。（〈七臣七主〉）

> 尺寸也，繩墨也，規矩也，衡石也，斗斛也，角量也，謂之法。（〈七法〉）

此與韓非法之概念，無一不合。

（二）尊　君

管子以「君本位」立論，故君至尊，立法之權在君，賞罰出於君。《管子》云：

> 安國在乎尊君。（〈重令〉）

> 生法者，君也；守法者，臣也；法於法者，民也。君臣上下貴賤皆從法，此謂大治。（〈任法〉）

> 君之所以爲君者，賞罰以爲君。（〈君臣下〉）

君主當尊，乃由於其所居之職位，而與個人之品格道德無甚關係：

> 凡人君之德行威嚴，非獨能盡賢於人也。曰人君也，故從而貴之，不敢論其德行之高卑。（〈法法〉）

尊君並須明法，故曰：「君臣上下貴賤皆從法，此謂大治。」又以爲法令高於君主，故曰：「不爲君欲變其令，令尊於君。」（〈法法〉）此較韓爲完備。

（三）處威勢

欲尊君，必重威勢。《管子》曰：

> 尊君卑臣，非計親也，以勢勝也。（〈明法〉）

人君之所尊安者，爲其威立而令行也。（〈版法〉）

人主者，擅生殺，處威勢。（〈明法解〉）

明主之治天下也，威勢獨在於主，而不與臣共；法政獨制於主，而不從臣出。故明法曰：威不兩錯，政不二門。（〈明法解〉）

此與韓非「主之所以尊者權也。」（〈心度〉）「威不貸錯，制不共門。」（〈有度〉）若合符節。

（四）重賞罰

管仲以爲勸民威眾，不可不用賞罰，且主張嚴刑厚賞，反對賞無功，赦有罪。《管子》云：

無爵祿，則主無以勸民；無刑罰，則主無以威眾。（〈明法解〉）

賞必足以使，威必足以勝，然後下從。……夫民躁而行僻，則賞不可以不厚，禁可以不重。故聖人設厚賞，非侈也；立重禁，非戾也。賞薄，則民不利；禁輕，則邪人不畏。（〈正世〉）

行私惠而賞無功，則是使民偷幸而望於上也；行私惠而赦有罪，則是使民輕上而易爲非也。（〈明法解〉）

凡赦者，小利而大害者也，故久而不勝其禍。毋赦者，小害而大利者也，故久而不勝其福。（〈法法〉）

法制不議，則民不相私。刑殺毋赦，則民不偷於爲善。爵祿毋假，則下不亂其上。（〈法禁〉）

韓非采其說，而有「信賞必罰」之論。

韓非以管子之法與商鞅之法並稱（見〈五蠹篇〉），且頗多溢美之辭：

夫有術者之爲人臣也，效度數之言，上明主法，下困姦臣，以尊主安國者也。……此管仲之所以治齊，而商君之所以強秦也。……操法術之數，行重罰嚴誅，則可以致霸王之功，治國之有法術賞罰，猶若陸行之有犀車良馬也，水行之有輕舟便檝也。乘之者遂，得之者成。伊尹得之，湯以王；管仲得之，齊以霸；商君得之，秦以強。（〈姦劫弒臣〉）

雖然，管仲術頗糅合儒法，不廢德治。其〈任法篇〉云：「所謂仁義禮樂者，皆出於法，此先聖之所以一民者也。」又同篇所謂：「明主之所操者六：生之殺之，富之貧之，貴之賤之。此六柄者，主之所操也。主之所處者四：一曰

文、二曰武、三曰威、四曰德。此四位者，主之所處也。……奪柄失位，而求令之行，不可得也。」韓非〈二柄篇〉，或即由此六柄變化而來。韓非書中稱引管仲之言行，多見於〈內、外儲說〉與〈說林〉。其不合於法家之意旨者，〈難一〉、〈難三篇〉中亦有所批評。

二、子 產

子產者，鄭大夫公孫僑也，約後於管仲百年，與孔子同時，卒於周景王二十三年。執政二十餘年，鄭國雖弱小，終得自保，其與韓非思想有關者，約有三端：

（一）鑄法救世

子產適應時代需要，不顧非議，毅然鑄刑鼎，行公布之法，曰：「吾以救世也。」（見《左傳》昭公六年）實有大政治家之氣魄。韓非承之，即主張法須成文公布。

（二）嚴刑蒞民

子產語子太叔：「惟有德者能以寬服民，其次莫若猛。」深合法家之旨。韓非記其重刑之事迹云：

> 子產相鄭，病將死，謂游吉曰：「我死後，子必用鄭，必以嚴蒞人。夫火形嚴，故人鮮灼；水形懦，故人多溺，子必嚴子之刑，無令溺子之懦。」子產死，游吉不忍行嚴刑。鄭少年相率為盜，處於萑澤，將遂以為亂。游吉率車騎與戰，一日一夜，僅能尅之。游吉喟然嘆曰：「吾蚤行夫子之教，必不悔至於死矣。」（〈內儲說上〉）

韓非亦以人性惡，惟嚴刑而後可以杜亂萌。

（三）倒言聽訟

韓非稱美子產之聽訟有術，云：

> 有與訟者，子產離之，而無使得通辭，倒其言以告而知之。（〈內儲說上〉）

韓非則欲人君取為聽言之術，倒言反事以察臣姦。

子產生前遭人譏詛，死後則受人歌頌，雖無著述留傳，然稽諸古籍，亦可見其為一實行之法家。其言行合於法家旨趣者，韓非嘗於〈內、外儲說〉篇中稱引之：其有不合者，又於〈難三篇〉中批評之。

三、李　悝

李悝生當戰國時期，相魏文侯，作盡地力之教，富國強兵。又撰著《法經》，商鞅用之相秦。其影響於韓非者有二：

（一）創成文法

李悝乃律家之祖，《晉書‧刑法志》云：

> 是時（魏）承用秦、漢舊律，其文起自魏文侯師李悝。悝撰次諸國法，著《法經》，以爲王者之政莫急於盜賊，故其律始於盜賊。盜賊須劾捕，故著〈網捕〉二篇。其輕狡越城，博戲，借假不廉，淫侈踰制，以爲〈雜律〉一篇。又以其律具其加減，是故所著六篇而已。……商君受之以相秦。

《法經》開成文法典之先河，近人黃奭有輯本，梁任公疑爲後人誦法李悝者所爲。《法經》分盜法、賊法、囚法、捕法、雜法、具法六篇，較鄭刑書與晉刑鼎更進步，商君所制秦律既本於此，韓非又推之，其所主「憲令著於官府」之成文法，即淵源於此。

（二）重農主義

《漢書‧食貨志》云：

> 至於戰國，貴詐力而賤仁誼，先富有而後禮讓。是時李悝爲魏文侯作盡地力之教；以爲地方百里，提封九萬頃，除山澤邑居參分去一，爲田六百萬畝，治田勤謹則畝益三升，不勤則損亦如之。地方百里之增減，輒粟百八十萬石矣。又曰：「糴甚貴傷民，甚賤傷農。民傷則離散，農傷則國貧。故甚貴與甚賤，其傷一也。善爲國者，使民無傷，而農益勸。……善平糴者，必謹觀歲有上中下熟。……大熟則上糴三而舍一，中熟則糴二，下熟則糴一，使民適足，賈平則止。小饑則發小熟之所斂，中饑則發中熟之所斂，大饑則發大熟之所斂而糴之。故雖饑饉水旱，糴不貴而民不散，取有餘以補不足也。」行之魏國，國以富彊。

李悝實施「盡地力」及「平糴」之法，爲重農主義樹先聲，商鞅承之，韓非亦主張勤本務以培國本。

《韓非子》於〈內儲說上篇〉稱美李悝斷訟以射，而〈外儲說左上〉則批評其譎兩和，亦足見受其影響。

四、吳　起

　　吳起為兵家，兼法家，戰國衛人，初為魯將，繼又為魏將，守西河。其後相楚悼王。《史記・吳起列傳》稱其「明法審令，捐不急之官，廢公族疏遠者，以撫養戰鬥之士，要在強兵，破馳說之言縱橫者。」〈漢志・兵家類〉著錄《吳起》四十八篇。戰國時，吳起書頗流行，韓非云：

　　　　境內皆言兵，藏孫、吳之書者家有之。(〈五蠹〉)

兵家精神多與法家相通，法家無不言兵。故韓非以之與商鞅並舉，又慨其抑止貴臣，裁汰冗員，因以危身：

　　　　堂谿公謂韓子曰……所聞先生術曰：楚不用吳起而削亂，秦行商君
　　　　而富強。(〈問田〉)

　　　　昔者，吳起教楚悼王以楚國之俗，曰：「大臣太重，封國太眾，若此，
　　　　則上偪主，而下虐民，此貧國弱兵之道也。不如使封君之子孫，三
　　　　世而收爵祿，裁減百吏之祿秩，捐不急之枝官，以奉選練之士。」
　　　　悼王行之期年而薨矣，吳起枝解於楚。(〈和氏〉)

韓非書中稱引吳起事蹟者頗多，如：〈內儲說上〉謂其徙轅立信；〈外儲說左上〉謂其為病疽之軍人吮膿，守信而堅待故人食；〈外儲說右上〉又謂其謹法度而出妻。

五、商　鞅

　　商鞅者，衛之諸庶孽公子，姓公孫氏，少好刑名之學，事魏相公叔痤為中庶子，後入秦，說孝公強國變法，以功封商。相秦十年，秦以富強，而終被車裂。韓非其所以於〈五蠹〉、〈姦劫弒臣〉、〈和氏〉等篇，亟為慨嘆不置者，良以其學說因襲商君之處特多：

（一）順時宜

　　《商君書》云：

　　　　前世不同教，何古之法？帝王不相復，何禮之循？……文、武各當
　　　　時而立法，因事而制禮。禮法以時而定，制令各順其宜，兵甲器備，
　　　　各便其用。臣故曰：「治世不一道，便國不必法古。」(〈更法〉)

　　　　上世親親而愛私，中世上賢而說仁，下世貴貴而尊官。……民道弊
　　　　而所重易也，世事變而行道異也。(〈開塞〉)

既不法古，則主張法與時移，韓非謂「世異事異，事異備變」，其進化之歷史觀，即得之於此。

（二）尚實力

商君以為國家須力，乃可以王，曰：

> 民愚則知可以王，世知則力可以王。……故神農教耕而王天下，師其知也；湯、武致彊而征諸侯，服其力也。（〈開塞〉）

> 國之所以重，主之所以尊者，力也。（〈慎法〉）

> 國以難攻，起一取十；國以易攻，起十亡百。國好力，曰：「以難攻」；國好言，曰：「以易攻」。民易為言，難為用。國法作民之所難，兵用民之所易，而以力攻者，起一得十。國法作民之所易，兵用民之所難，而以言攻者，出十亡百。（〈說民〉，從陳啟天氏校文）

此明言「國之所以重，主之所以尊」，全在力，必以實力勝人，尚力則名尊地廣，不尚力則名卑地削。韓非尚力之國家觀實本之於此。

（三）任法制

商鞅任法而治，以吏為師，使民知法而不敢輕於犯法。其言曰：

> 故有明主忠臣產於今世，而能領其國者，不可以須臾忘於法。破勝黨人，節去言談，任法而治矣。……夫以法相治，以數相舉，譽者不能相益，訾言者不能相損。……臣故曰：法任而國治矣。（〈慎法〉）

> 故明主任法。……先王知自議譽私之不可任也，故立法明分，中程者賞之，毀公者誅之。賞誅之法，不失其義，故民不爭。（〈修權〉）

> 明主慎法制，言不中法者，不聽也；行不中法者，不高也；事不中法者，不為也；言中法，則聽之；行中法，則高之；事中法，則為之。故國治而地廣，兵彊而主尊。（〈君臣〉）

（四）重刑賞

商鞅處尚力之時代，欲用強悍之秦民，故特重刑賞。《史記》本傳云：「卒定變法之令，令民為什伍，而相收司連坐。不告姦者，腰斬；告姦者，與斬敵首同賞。匿姦者，與降敵同罰。民有二男以上、不分異者，倍其賦，有軍功者，各以率受上爵。為私鬥者，各以輕重被刑。……令既具未布，恐民之不信己，乃立三丈之木於國都市南門，募民有能徙置北門者，予十金。民怪

之，莫敢徙。復曰：能徙者，與五十金。有一人徙之，輒予五十金，以明不欺。卒下令，令行於民。」以故又創「刑無等級，無貴賤」之「壹刑」說，在中國法治史上誠屬一大貢獻。其言曰：

> 重刑連其罪，則民不敢試。……故禁姦止過，莫若重刑。(〈賞刑〉)
>
> 立君之道，莫廣於勝法；勝法之務，莫急於去姦；去姦之本，莫深於嚴刑。故王者以賞禁，以刑勸，求過不求善，藉刑以去刑。(〈開塞〉)
>
> 所謂壹刑者，刑無等級。自卿、相、將軍、以至大夫、庶人，有不從王令，犯國禁，亂上制者，罪死不赦。……守法守職之吏，有不行王法者，罪死不赦，刑及三族；周官之人，知而訐之上者，自免於罪。無貴賤，尸襲其官長之官爵田祿。(〈賞刑〉)

(五) 厲農戰

商鞅極端重農，欲民壹搏於農。《史記》本傳云：「大小僇力本業耕織，致粟帛多者，復其身；事末利及怠而貧者，舉以為收孥。」旨在寓兵於農，以富國強兵，使民樸壹易為治。其言曰：

> 凡治國，患民之散而不可搏也，是以聖人作壹，搏之也。……，惟聖人之治國，作壹，搏之於農而已矣。(〈農戰〉)
>
> 明君修政作壹，去無用，止浮學事淫於民，壹於農，然後國家可富，而民力可搏也。(〈農戰〉)
>
> 國不農，則與諸侯爭權不能自持也，則眾力不足也。(〈農戰〉)
>
> 聖人知治國之要，故令民歸心於農。歸心於農，則民樸而可正也。
> (〈農戰〉)

商鞅實軍國主義者，行尚武教育，欲人民勇於公戰而怯於私鬥，《史記·商君列傳》云：「有軍功者，各以率受上爵。……公室非有軍功，論不得為屬籍。……有功者，顯榮；無功者，雖富無所芬華。」甚且官爵之遷，以斬首之多寡而晉級。其言曰：

> 所謂壹教者，博聞辯慧，信廉禮樂，修行羣黨，任譽清濁，不可以富貴。……然富貴之門，要在戰而已矣。……是父兄、昆弟、知識、婚姻、合同者，皆曰：「務之所加，存戰而已矣。」夫故當壯者務於戰，老弱者務於守，死者不悔，生者務勸，此臣之所謂壹教也。民之欲富貴也，共闔棺而後止。而富貴之門，必出於兵。是故民聞戰

而相賀也；起居飲食所歌謠者，戰也。（〈賞刑〉）

韓子〈定法篇〉稱其事云：「商君之法曰『斬一首者，爵一級，欲爲官者，爲五十石之官。斬二首者，爵二級；欲爲官者，爲百石之官。』」譏其「以勇力之所加，而治智能之官，」流弊不還，法家之所以流爲兵家者在此。

（六）禁詩書

商鞅爲貫徹其軍國主義，以爲用詩書禮樂，足以削地貧國，苟欲富強，必禁文學，其言曰：

> 學者成俗，則民舍農。（〈農戰〉）

> 國有禮有樂，有詩有書，有善有修，有孝有弟，有廉有辯——國有十者，上無使戰，必削至亡；國無十者，上有使戰，必興至王。……國用詩書禮樂孝弟善修治者，敵至必削國，不至必貧國。不用八者治，敵不敢至，雖至必卻；興兵而伐，必取，取必能有之；按兵而不攻，必富。（〈去彊〉）

於是大倡「不貴學問，又不賤農。」（〈墾令〉）秦孝公「燔詩書而明法令」（《韓非子・和氏》），於韓非反對文學之士及崇法息文皆有深切影響。韓非論及《商君書》之流傳云：「今境內之民皆言治，藏商、管之法者家有之，而國愈貧，言耕者眾，執耒者寡也。」（〈五蠹〉）足見商君卒後，以迄始皇統一，其書頗爲盛行。今本《商君書》二十九篇雖不免後人附益屬亂之辭，然所記必有所本，仍堪爲商君思想之取證。

六、申不害

申不害，京人也，相韓昭侯十餘年，終其身，國治兵強，無侵韓者。曾著《申子》二篇，〈漢志〉則著錄《申子》六篇，其書已佚，今有馬國翰輯本及王時潤《申子》輯佚文。申不害用術，自來與商鞅爲法並稱。《史記・張叔列傳》索隱引劉向〈別錄〉云：

> 申子學號曰刑名者，循名以責實，其尊君卑臣，崇上抑下，合於六家也。

韓非所謂：「術者，因任而授官，循名而責實，操殺生之柄，課羣臣之能者也。」（〈定法篇〉）足徵其淵源於申子。茲分三端，爲證其淵源如次：

（一）無　爲

《史記‧老子韓非列傳》云:「申子之學,本於黃老。」然申子之無爲與老子不同,已有「因道全法」(《韓非子‧大體》)之意,欲人君無爲,去好去惡,而不見素,以免臣下有所窺伺。其言曰:

> 申子曰:「上明見,人備之;其不明見,人惑之。其知見,人飾之;不知見,人匿之。其無欲見,人司之;其有欲見,人餌之。故曰:吾無從知之,惟無爲可以規(窺)之。」(《韓非子‧外儲説右上》)

> 申子曰:「愼而言也,人且和女;愼而行也,人且隨女,而有知見也,人且匿女;而無知見也,人且意女。女有知也,人且藏女,女無知也,人且行女。故曰:惟無爲可以規之。」(《韓非子‧外儲説右上》)

> 申不害聞之,曰……古之王者,其所爲少,其所因多,因者,君術也;爲者,臣道也。爲則擾矣,因則靜矣。因冬爲寒,因夏爲暑,君奚事哉!故曰:君道無知無爲,而賢於有知有爲,則得之矣。(《呂氏春秋‧任數》)

其主張君無爲而臣有爲,實異於老氏,而影響於韓非。

(二)用 術

申子學主刑名,循名責實,所謂「卑卑施施於名實者也。」(《群書治要》引)觀下列數則引文,可見一斑:

> 聖君任法而不任智,任數而不任説。(《藝文類聚》卷五十四,《御覽》卷六百三十八)

此正宗法家之説也。

> 獨視者謂明,獨聽者謂聰,能獨斷者,故可以爲天下王。(《韓非子‧外儲説右上》)

> 申不害聞之,曰……何以知其聾,以其耳之聰也;何以知其言,以其目之明也;何以知其狂,以其言之當也。故曰:去聽無以聞則聰,去視無以見則明,去智無以知則公,去三者不任則治,三者任則亂,以此言耳目心智之不足恃也。(《呂氏春秋‧任數》)

諸如此類重術之説,韓非悉納入其思想之體系。

(三)任 勢

> 申子曰:「智均不相使,力均不相勝。」(《意林》卷一,《御覽》卷四百

三十二）故須任勢。又云：

> 百世有聖人，猶隨踵而生，千里有賢者，是比肩而立。（《意林》卷
> 一，《藝文類聚》卷二十，《御覽》卷四百一）

此與韓非〈難勢篇〉文句近似，賢者不易得，則必任勢不任賢。又曰：

> 君之所以尊者令，令之不行，是無君也；故明君慎之。（《北堂書鈔》
> 卷四十五）

任勢自必尊君，此又韓非之所承也。

七、慎　到

慎到，趙人，遊於齊之稷下，學黃老道德之術，爲一道家而兼法家，著
《十二論》。《漢書・藝文志》著錄《慎子》四十二篇，其書已佚，今僅存〈威
德〉、〈因循〉、〈民雜〉、〈德立〉、〈君人〉五篇。此外，見於《群書治要》者，
尚多出〈知忠〉、〈君臣〉二篇，而〈威德〉亦多出二百五十三字。但存此殘
編斷簡，不易窺其眞面目。其學說之內容，合於韓非思想者有二：

（一）尚法不尚智

慎到運用道家學說而發揮法學理論，蔣伯潛云：「慎子者，道、法二家遞
嬗之轉捩也。」（《諸子通考》）《莊子・天下篇》云：

> 慎到……知萬物皆有所可，有所不可。故曰：「選則不徧，教則不至，
> 道則旡遺者矣。」……是故慎到棄知去己，而緣不得已，泠汰於物，
> 以爲道理。……椎拍輐斷，與物宛轉。

其觀念與《莊子・齊物論》相同，萬物既個性不齊，選擇不能徧及，教育不
能周到；惟有因萬物之自然，因勢利導耳。故主張「棄知去己」：摒棄主觀之
私意，建立物觀之標準。〈天下篇〉云：「夫旡知之物，旡建己之患，旡用知
之累，動靜不離於理，是以終身旡譽。故曰：至於若旡知之物而已，旡用賢
聖，夫塊不失道。」是也。

於是慎子用「無知之物」置鈞石權衡，立法以定分。其言曰：

> 措鈞石，使禹察錙銖之重，則不識也；縣於權衡，則氂髮之不可差，
> 則不待禹之智，中人之知，莫不足以識之矣。（《慎子》佚文）

> 有權衡者，不可欺以輕重；有尺寸者，不可差以長短；有法度者，
> 不可巧以詐譌。（《慎子》佚文）

以為如此方有準的，足以塞眾人之願望：

> 分馬者之用策，分田者之用鉤，非以鉤策為過於人智也，所以去私
> 塞怨也。（〈君人〉）

> 夫投鉤以分財，投策以分馬，非鉤策為均也。……所以塞願望也。
> （〈威德〉）

於是慎子曰：「法雖不善，猶愈於無法；所以一人心也。」（〈威德〉）此其取
於道家言而影響於韓非者也。

（二）任勢不任賢

慎子謂捨法以心裁輕重，則漫無標準，如此，君雖賢智，捨法去勢不足
為治，故慎子主張任勢不任賢。其言曰：

> 君人者，舍法而以身治，則誅賞予奪，從君心出矣。然則受賞者雖
> 富，望多無窮；受罰者雖當，望輕無已。君舍法，而以心裁輕重，
> 則同功殊賞，同罪殊罰矣。怨之所由生也。（〈君人〉）

> 飛龍乘雲，騰蛇遊霧，雲罷霧霽，而龍蛇與蚯蚓同矣，則失其所乘
> 也。故賢而屈於不肖者，權輕也；不肖而服於賢者，位尊也。堯為
> 匹夫，不能使其鄰家，至南面而王，則令行禁止。由此觀之，賢不
> 足以服不肖，而勢位足以屈賢矣。（〈威德〉）

爾後，韓非〈難勢篇〉亦稱引慎子之說，而欲使中主抱法處勢以為治。

韓非以前之法家，當不止此七人。〈漢志〉法家類所列尚有《處子》九篇，
《游棣子》一篇，《燕十事》十篇，《法家言》二篇，此四書均已失傳，《處子》，
《史記‧孟荀列傳》作《劇子》。又《荀子》稱慎到、田駢「尚法而無法」（〈非
十二子篇〉），莊子謂「慎到之道，非生人之行，而至死人之理。……田駢亦
然。」（〈天下篇〉）則田駢亦慎到之流亞也。此外，《韓非子‧詭使篇》嘗引
《本言》，《本言》為何人所作，今不可考，惟為法家言則無疑。

總之，韓非以前之法家，約可歸為四派：（一）尚實派，主獎勵實業，
致富圖強，以管仲、李悝為代表。（二）尚法派，主信賞必罰，令行禁止，
以商鞅以代表。（三）尚術派，主因任授官，循名責實，以申不害為代表。
（四）尚勢派，主秉權立威，尊君卑臣，以慎到為代表。韓非則法術並重，
勢利兼顧，擷長補短，詭不失正。故韓非以前之諸法家，為韓非學說之主
要淵源。

第二節　韓非學術思想之外緣

本師鹽城李健光先生曰：

> 所謂外緣者，外界之緣力也，亦即思想之次要淵源，乃指法家以外之各家學說而言。先秦諸子主要學派，司馬談分爲陰陽、儒、墨、名、法、道德六家。韓非既爲法家，其學說自與其他五家不同。但「百家眾技，皆有所長。」（《莊子・天下篇》語）「其言雖殊，辟猶水火，相滅亦相生也。」（〈漢志・諸子略〉序）韓非之於各家，亦有其相反而相成之處。除陰陽家言機祥，與法家思想絕不相容，韓非〈飾邪篇〉嘗抨擊之云：「龜筴鬼神，不足舉勝，左右背鄉，不足以專戰，然而恃之，愚莫大焉。」自無淵源可言。其他道、名、儒、墨四家，莫不與之有其相當關係。（〈韓非子引得〉）

推論明切，最得旨要。夫春秋戰國，諸子爭鳴，競創新說，蔚爲風氣；韓非於諸子中最爲晚出，其思想固爲法家之總匯，於道、儒、墨、名等家，亦頗有所挹注，請分別揭述其大要。

一、道　家

道家尊自由，宗虛無，法家主干涉，覈名實，其說似不相侔。然《史記》以韓非與老、莊合傳，《韓非子》有〈解老〉、〈喻老〉兩篇專釋老子，又有〈主道〉、〈揚搉〉等篇雜有道家思想。前乎韓非之申不害、慎到等已糅道、法於一爐。雖然，韓非取道家者，固有揚有棄，名雖同而實異，故道家雖爲其淵源，亦爲所譏刺抨擊也。（見〈忠孝〉，〈顯學〉，〈外儲說上〉）茲論其有關部分如左：

（一）唯　物

梁任公云：「兩宗（道、法）有一共同之立腳點焉，曰『機械的人生觀。』道家認爲宇宙爲現成的，宇宙之自然法，當然亦爲現成的，人類則與萬物等夷，同受治於此種一定的因果律之下，其結果必與法家所謂法治思想契合而冶爲一，有固然也。」（《先秦政治思想史》）蓋老子崇尚自然，謂自然完善無缺，有組織有規律，一切但聽其自然演變，自可臻於和諧圓滿。自然之力龐大無倫，人力不足與之抗拒，人既爲萬物之一，當與萬物一致「尊道」、「貴德」，循自然之法則而行。（此本張起鈞《老子哲學》）《老子》云：

人法地，地法天，天法道，道法自然。（二十五章）

道生之，德畜之，物形之，勢成之，是以萬物莫不尊道而貴德。道
之尊，德之貴，夫莫之命而常自然。故道生之，德畜之，長之，育
之，亭之，毒之，養之，覆之。生而不有，爲而不恃，長而不宰，
是謂玄德。（五十一章）

韓非取之具體用於政治，變自然而爲必然，因道而爲法。其言曰：

守成理，因自然。（〈大體〉）

先王以道爲常，以法爲本。本治者名尊。本亂者名絕。（〈飾邪〉）

道法萬全。（〈飾邪〉）

因道全法。（〈大體〉）

故有術之君，不隨適然之善，而行必然之道。（〈顯學〉）

韓非此種混法同道，儕人合物之必然機械主義，其蔽謬所在，奉新熊翰叔先
生已論之審矣：

竊嘗論之：道家所蔽，在於儕人於一物，而不知物固各有其性，故
遂以爲天地生物，固有其自然之理；法家之謬，在於使人爲一物，
而不知人固各有其情，故遂以爲聖人治國，固有其必然之道。（《果
庭文錄·韓非學序》）

（二）無　爲

老子所謂無爲，乃極端之放任政策，其言曰：

法令滋彰，盜賊多有。故聖人云：我無爲而民自化，我好靜而民自
正，我無事而民自富，我無欲而民自樸。（五十七章）

然老子固「以無爲爲本，充其極致，乃至於無所不爲。」（見瑞安林景伊先生
《中國學術思想大綱》）韓非一如申不害，取以爲「主逸臣勞，執一以靜」之
君人權術。

（三）非　賢

老子謂仁義德禮，並非人生行誼之楷模，實人類退化之表現；以爲智慧
不足治國，適爲致亂之源，遂有非賢之主張。其言曰：

上德不德，是以有德；下德不失德，是以無德。……故失道而後德，
失德而後仁，失仁而後義，失義而後禮。夫禮者，忠信之薄，而亂

之首。（三十八章）

大道廢，有仁義。智慧出，有大僞。六親不和，有孝慈。國家昏亂，
有忠臣。（十八章）

民之難治，以其智多。（六十五章）

以智治國，國之賊。（六十五章）

不尚賢，使民不爭。（三章）

絕聖去智，民利百倍。絕仁去義，民復孝慈。絕巧棄利，盜賊無有。
此三者，以爲文不足，故令有所屬。見素抱樸，少私寡欲。（十九章）

韓非亦如愼到，取以爲「任法而不任智」與「任勢而不任賢」之統治威勢。

（四）愚　民

老子既非賢非智，進而主張愚民，云：

古之善爲道者，非以明民，將以愚之。（六十五章）

蓋欲使民無知無欲，返樸歸眞。韓非則一變爲徹底愚民政治，〈五蠹篇〉云：
「明主之國，無書簡之文，以法爲教。」欲民椎魯奉法，而有箝制思想之意。
梁任公論之綦詳：

老學最毒天下者，權謀之言也。將以愚民，非以明民；將欲取之，
必先與之，此爲老學入世之本。故縱橫家言，實出於是，而法家末
流，亦利用此術。韓非有〈解老〉等篇，史公以老、韓合傳，最得
眞相。（《中國學術思想變遷之大勢》）

此說精闢中肯，老、韓之關係，於焉大明。

（五）尚　柔

老子尚柔，欲以克剛，梁任公稱其爲權謀入世之本，是也。其言曰：

柔弱勝剛強。（三十六章）

天下之至柔，馳騁天下之至堅。（四十三章）

守柔曰強。（五十二章）

柔勝剛，弱勝強。（三十六章）

將欲歙之，必固張之；將欲弱之，必固強之；將欲廢之，必固興之；
將欲奪之，必固與之。（三十六章）

韓非於軍事方策，欲以柔克剛，穩操勝算，實淵源於此。

　　瑞安林景伊先生論老學流衍云：「其立論皆基于『忍』之一道。『忍』之流別不同，於是得其『忍耐』之途者，遂成爲老莊之學；得其『隱忍』之方者，乃流爲黃老一派；得其『殘忍』之變者，遂有韓非之法術。」（《中國學術思想大綱》）是韓非法術之原於老學，信而有徵。

（六）應　變

　　此外，莊子屢言「變」，謂時移事異，不可爲常：

> 禮法法度者，應時而變者也。（〈天運〉）

> 堯、舜讓而帝，之、噲讓而絕；湯、武爭而王，白公爭而滅。由此觀之，爭讓之禮，堯、桀之行，貴賤有時，未可以爲常也。（〈秋水〉）

此漆園叟之歷史進化論。胡適《中國哲學史大綱》曰：「莊周之言天地萬物進化之理，本爲絕世妙論，惜其蔽於天而不知人，遂淪爲任天安命達觀之說。然荀卿、韓非受其進化論，而救之以人治勝天之說，遂變出世主義而爲救世主義，變乘化待盡之說而爲戡天之論，變『法先王』之儒家而爲『法後王』之儒家、法家。」明言莊子之歷史進化論爲韓非思想淵源。然《韓非子》中無提及莊子處，存備一說可也。

二、儒　家

　　韓非得聞儒者之緒，實自荀卿。然《韓非子》中，唯〈難三篇〉有「燕王噲賢子之而非孫卿」而已，語頗可疑；〈顯學篇〉破儒甚力，所謂孫氏之儒亦受詆斥。今審荀子學說，實以隆禮義、知統類爲核心，韓非變儒爲法，取其合於法家宗旨者，而自成體系，要非荀學之正宗也。雖然，其衍變之迹，固皦然可知。

（一）性惡說

　　荀子道性惡，欲隆禮以矯之，其言曰：

> 人之性惡，其善者僞也。今人之性，生而有好利焉，順是，故爭奪生而辭讓亡焉。生而有疾惡焉，順是，故殘賊生而忠信亡焉。生而有耳目之欲，有好聲色焉，順是，故淫亂生而禮義文理亡焉。……故必將有師法之化，禮義之道，然後出於辭讓，合於文理，而歸於治。（〈性惡〉）

> 禮起於何也？曰：人生而有欲，欲而不得，則不能無求；求而無度

量分界，則不能不爭；爭則亂，亂則窮。先王惡其亂也，故制禮義
以分之，以養人之欲，給人之求；使欲必不窮乎物，物必不屈於欲，
兩者相持而長，是禮之所起也。（〈禮論〉）

韓非承其說，認人性自利自爲，必嚴刑峻法而後可以爲治。惟主制禮以節欲，
其終極目的，仍在勉人爲善；韓非直以人性本惡，非重刑罰不足禁其私欲，
此禮、法之大別，亦荀、韓性惡說之區分也。

（二）法後王

昔賢論禮治者，原多託古改制，稱美先王，荀子獨主法後王，有斟酌損
益之意，其言曰：

聖王有百，吾孰法焉？故曰文久而息，節族久而絕，守法數之有司，
極禮而褫。故曰：欲觀聖王之跡，則於其粲然者備矣，後王是也。
彼後王者，天下之君也，舍後王而道上古，譬之是猶舍己之君而事
人之君也。（〈非相〉）

後王之成名，刑名從商，爵名從周，文名從禮。散名之加於萬物者，
則從諸夏之成俗曲禮；遠方異俗之鄉，則因之而爲通。……是後王
之成名也。（〈正名〉）

韓非擴而充之，乃發爲「世異事異」，歷史進化之說。

（三）立隆正

荀子之禮治，欲以聖王爲至上之準，裁合王制，使天下有所趨奉：

聖也者，盡倫者也；王也者，盡制者也。兩盡者，足以爲天下極矣。
故學者以聖王爲師，案以聖王之制爲法。法其法，以求其統類，以
務象效其人。（〈解蔽〉）

傳曰：「天下有二，非察是，是察非。」謂合王制與不合王制也。天
下有不以是爲隆正也，然而猶有能分是非治曲直者邪？（〈解蔽〉）

韓非則欲以法爲治國唯一客觀之標準，直承荀子「禮者法之大分」（〈勸學〉）
而來，性質雖異，精神實相貫通。

（四）重刑罰

荀子治國之術，兼採禮刑雙軌制，主張先禮後刑。其重刑之說，頗與法
家相近：

立君上之埶以臨之，明禮義以化之，起法正以治之，重刑罰以禁之，

使天下皆出於治，合於善也。(〈性惡〉)

臨事接民而以義變應，寬裕而多容，恭敬以先之，政之始也。然後中和察斷以輔之，政之隆也。然後進退誅賞之，政之終也。(〈致士〉)

賞不當功，罰不當罪，不祥莫大焉。……刑稱罪則治，不稱罪則亂，故治則刑重，亂則刑輕。(〈正論〉)

民齊者強，不齊者弱；賞重者強，賞輕者弱；刑威者強，刑侮者弱；權出一者強，權出二者弱。(〈正論〉)

殺人者不死，而傷人者不刑，是謂惠暴而寬賊也，非惡惡也。(〈正論〉)

古者刑不過罪，爵不踰德，……是以爲善者勸，爲不善者沮。刑罰綦省，而威行如流，政令致明，而化易如神。(〈君子〉)

韓非變本加厲，遂謂罰莫如重而必，遺禮義而專任刑罰矣。

（五）正名分

正名理論，倡始於儒家，發揚於墨家、名家，實行於法家。名、墨兩家偏重理論之建立，儒家則由理論而施於政治。孔子謂爲政以正名爲先(《論語‧子路篇》)，而《春秋》乃其正名分之書(《莊子‧天下篇》)。荀卿有〈正名篇〉，發揮詳盡，欲以禮義明分止爭。其言曰：

故知者爲之分別制名以指實，上以明貴賤，下以辨同異，貴賤明，同異別，如是，則志無不喻之患，事無困廢之禍。此所爲有名也。(〈正名〉)

分均則不偏(徧)，執齊則不壹，眾齊則不使。……夫兩貴之不能相事，兩賤之不能相使，是天數也。執位齊而欲惡同，物不能澹(贍)，則必爭；爭則必亂，亂則窮矣。先王惡其亂也，故制禮義以分之，使有貧富貴賤之等，足以相兼臨者，是養天下之本也。(〈王制〉)

法家一變而欲以法明分止爭，韓非更主張「以形名收臣，以度量準下。」(〈難二〉)取荀卿之正名爲人君馭臣之術。

（六）非命論

荀卿明天人之分，確認治亂由於人爲，無關乎天命。卜筮所以文飾政事，龜甲蓍草並非眞有靈驗。其言曰：

星隊(墜)木鳴，國人皆恐，曰：是何也？曰；無何也。是天地之

變，陰陽之化，物之罕至者也。怪之可也，而畏之非也。……雩而
雨何也？曰：無何也，猶不雩而雨也。日月食而救之，天旱而雩，
卜筮然後決大事，非以爲得求也，以文之也。故君子以爲文，而百
姓以爲神，以爲文則吉，以爲神則凶也。（〈天論〉）

韓非亦以龜策無靈，星宿之左右向背與人事無關，惟棄龜明法（見〈飾邪〉）
方爲要圖。

（七）尚功用

荀子以益理爲中，意近功用。其言曰：

凡事行，有益於理者，立之；無益於理者，廢之。…若夫充虛之相
施易也，堅白同異之分隔也，是聰耳之所不能聽也，明目之所不能
見也，……雖有聖人之知，未能僂指也，不知無害爲君子，知之無
損爲小人。（〈儒效〉）

若夫非分是非，非治曲直，非辨治亂，非治人道，雖能之，無益於
人；不能，無損於人。案直將治怪說玩奇辭以相撓滑也。……此亂
世姦人之說也。（〈解蔽〉）

韓非則確信國家務力，仁義不足用，舉凡言行必以功用爲權衡。

（八）殺詩書

荀子欲隆禮義，殺詩書。〈儒效篇〉云：「法後王，一制度，隆禮義而殺
詩書，……是雅儒者也。……用雅儒，則千乘之國安。」雅儒僅次於大儒，
而以殺詩書爲事，反對思想之自由，似啓非、斯燔詩書之酷也。

近人陳千鈞氏以爲韓非之非儉（〈外儲說左下〉），本於荀子〈富國篇〉；〈說
難〉，本於荀子〈非相篇〉；嚴刑，本於荀子〈王制篇〉；參驗，本於荀子〈大
略篇〉。其言雖未必盡是，亦自有脈絡可尋也。

其次，《韓非子》中頗多稱孔子之言，類皆出於傳說，凡合於法家旨趣者
則用之；不合者則批評之。大抵韓非爲立言之便，假託孔子耳；其於儒家正
統學說，固詆斥不遺餘力也。

三、墨　家

戰國之世，墨家與儒家並稱顯學。墨家主兼愛，倡非攻，欲尙賢尙同，
與韓非尙法任勢，屬耕戰之說，實不相侔。其末流在戰國佔勢力者，厥有二

派；一爲以武犯禁之俠者，一爲以「難知爲察」之辯者，韓非皆表反對（見〈顯學〉、〈問辯〉）。然韓非於墨學仍不無挹取。

（一）論　法

墨家論法之概念，頗爲法家所師襲，墨子曰：

> 法，所若而然也。（〈墨經上〉）

> 效也者，爲之法也。所效者，所以爲之法也。故中效，則是也；不中效，則非也。（《墨子・小取》）

梁任公謂：「所若而然，以俗語釋之，則『順著如此做便對』也。……法家之所謂法，當然以此爲根本觀念。」（《先秦政治思想史》）以自然法爲標準，以示人行爲之模範。韓非強調「治眾之法」（《尹文子》語），以爲法須成文公布，雖意較狹隘，實由墨家之法推衍而出。

（二）重　利

儒家諱言利，墨子則大倡功利，以爲「義，利也。」其節用、節葬、短喪、非樂等主張，皆以利爲立言根本。《墨子》曰：

> 用而不可，雖我亦將非之，且焉有善而不可用者。（〈兼愛下〉）

> 言必有三表。何謂三表？墨子曰：有本之者，有原之者，有用之者。於何本之？上本之於古者聖王之事。於何原之？下原察百姓耳目之實。於何用之？廢（發）以爲刑政，觀其中國家百姓人民之利。（〈非命上〉）

韓非應用此「用」與「利」之觀念，以聽言觀行，而爲「循名責實」之資。

（三）尚　同

墨家謂賢人在位，民眾言行皆向賢人看齊，則異說不起，是爲尚同。墨子曰：

> 古者民始生，未有刑政之時，蓋其語人異議，是以一人則一義，二人則二義，十人則十義。其人茲眾，其所謂義者亦茲眾。是以人是其義，以非人之義，故交相非也。……里長發政里之百姓，言曰：聞善而不善，必以告其鄉長。鄉長之所是，必皆是之，鄉長之所非，必皆非之。……鄉長能壹同鄉之義，是以鄉治也。鄉長者，鄉之仁人也。鄉長發政鄉之百姓，言曰：聞善而不善，必以告國君。……國君發政國之百姓，言曰：聞善而不善，必以告天子。……天下之

百姓，皆上同於天子，而不上同於天，則菑猶未去也。（〈尚同下〉）
如此，國中尚同於國君，有異議則取法於天子，而天下之善言善行，又須上
同於天。天下眾民雖多，皆本之天子，而上同於天，自能收到「一義」之效。
韓非乃取其原則，欲悉天下而尚同於法，以法爲最高準繩。

（四）察　姦

墨子既主上同，欲廣設耳目，使人民取法乎上，而無所隱瞞。其言曰：

> 數千萬里之外，有爲善者，其室人未徧知，鄉里未徧聞，天子得而
> 賞之。數千萬里之外，有爲不善者，其室人未徧知，鄉里未徧聞，
> 天子得而罰之。是以舉天下之人，皆恐懼振動惕慄，不敢爲淫暴，
> 曰：「天子之視聽也神。」先王之言曰：「非神也，夫唯能使人之耳
> 目助己視聽，使人之脣吻助己言談，使人之心助己思慮，使人之股
> 肱助己動作。助之視聽者眾，則其所聞見者遠矣。（〈尚同中〉）

> 聖王皆以尚同爲政，故天下治。何以知其然也？於先王之書，曰大
> 誓之言然。曰：「小人見姦巧，乃聞；不言也，發，罪鈞。」此言見
> 淫辟不以告者，其罪亦猶淫辟者也。（〈尚同下〉）

商鞅行「告姦連坐」之法，爲韓非所艷羨，欲使里相坐以相闚姦情。是其與
墨家之主張有異曲同工之妙也。

此外，墨家「兼愛」，打破儒家「親親」之觀念，足以爲法家「法須平等」
之思想開路；又墨家倡兼愛，乃鑒於人性自利，以爲人之自利，即亂之所由，
此與韓非自利之人性觀所見相同，唯結論則迥異：墨子謂欲治天下，必「兼
相愛，交相利。」韓非則以爲仁義德禮不足用，主張法術勢兼施矣。

四、名　家

名學即理則學，一稱邏輯，名家即專究名學之學派。韓非喜刑名法術之
學，又長於論理，蓋不無受名家影響之處也。〈漢志〉名家以鄧析、尹文居首，
後世以鄧析制竹刑，尹文好談刑名，故有列入法家者。茲先敘鄧析與韓非義
合者如次：

（一）制竹刑

《左傳》定公元年：「駟顓殺鄧析，而用其竹刑，」鄧析制竹刑，奠定成
文法之初基。韓非主張憲令著於官府，難免不其受啓示。

（二）綜名實

《鄧析子・轉辭篇》云：

> 循名責實，實之極也。按實定名，名之極也，參以相平，轉而相成，故謂之形名。……明君之督大臣，緣身而責名，緣名而責形，緣形而責實。臣懼其重誅之至，於是不敢行其私矣。

循名責實，按實定名，韓非參伍形名之術，與之如出一轍。

（三）重勢威

鄧析有重勢之說，曰：

> 勢者君之輿，威者君之策。……勢固則輿安，威定則策勁。（〈無厚〉）

此與韓非主張人君擅勢以治國，意亦極近。

其次，《莊子・天下篇》以尹文與宋銒並論，梁任公謂爲墨、法兩家溝通之樞紐，今審尹文乃名家而兼法家者，故其說多與法家言相合：

（一）檢形名

尹文釋形名之關係曰：

> 有形者必有名，有名者未必有形。形而不名，未必失其方圓白黑之實。名而無形，不可不尋。名以檢其差，故亦有名以檢形。形以定名，名以定事，事以檢名，察其所以然，則形名之與事物，無所隱其理矣。……名者，名形也。形者，應名也。

由名定形，以形應名，純爲理則學之一部分。韓非則欲循名責實，運爲用人之術。

（二）準法度

尹文欲以法爲百度之最高準則，曰：

> 以度審長短，以量受多少，以衡平輕重，以律均清濁，以名稽虛實，以法定治亂，以簡治煩惑，以易御險難，萬事皆歸於一，百度皆準於法。歸一者簡之至，準法者易之極。如此，頑囂聾瞽可與察慧聰明同其治也。

韓非亦欲以作爲治國之至善準繩。

（三）擅勢術

尹文釋勢術之義用云：

> 術者，人君之所密用，群下不得妄窺。勢者，制法之利器，群下不

　　得妄爲。人君有術，而使群下得窺，非術之奧者。有勢，而使羣下
　　得焉，非勢之重者。大要在乎先正名分，使不相侵雜，然後術可必，
　　勢可專。

此與韓非「術不欲見」，君獨擅勢之主張，若合符節。

（四）兼政奇

　　尹文因名法，用權術，政奇兼治，蓋亦法家而兼兵家之言：

　　政者，名法是也。以名法治國，萬物所不能亂。奇者，權術是也。
　　以權術用兵，萬物所不能敵。凡能用名法權術，而矯抑殘暴之情，
　　則己無事焉。己無事，則得天下矣。故失治則任法，失法則任兵。
　　以求無事，不以取彊，取彊則柔者反能服之。

此述道法權術之相互運用，「名法治國，權術用兵」之說，直與韓非〈難勢〉、
〈定法〉諸篇之論點相符。

　　今按鄧析〈轉辭篇〉及尹文之書，後世頗有疑者，然其言近於法家，自
與韓非思想相溝通，則無庸置疑。

　　除上列道、儒、墨、名四家，可認爲韓非子學說外界之緣力者，尙有兵
家。自古法家與兵家相爲表裡，思想頗有會通之處，《韓非子》中稱引兵家之
言者多見，如競爭富強，心戰爲上，以柔克剛等必勝之軍事方策，皆淵源於
兵家者也。蓋法家之終極目的，在求安內攘外，富國強兵。而攘外強兵，即
爲兵家之本務。故其精神實相貫串，如吳起之教楚悼王變國俗（見〈和氏篇〉），
商鞅之教秦孝公籍軍功，皆其例證，原不獨韓非爲然也。其他縱橫家之揣摩
事宜，簡鍊言辭，工於專對，韓非亦頗講求於此，著有〈說難〉、〈難言〉二
篇，當不無影響。惟於當時言談者之假力自重，虛言浮說，無補時艱，又深
惡痛絕之，良由欲貫徹法治，勤內政而不恃縱橫故也。

　　綜上以觀，韓非之學說，實以管仲以來之法家思想爲其內在之因力，至
其外界之緣力，則首爲兵家、次爲道家、次爲儒家、次爲名家、次爲墨家，
最次爲縱橫家。其無若何淵源者，則爲陰陽家。故就先秦諸子學術言，韓非
於各家皆有所汲取，而簸揚揀擇，附益己見，實不同於各家。其學說仍以前
輩法家思想爲主要淵源，故因襲之處獨多，用能融合眾說，集其大成而絕勝
於各派也。

第三章　韓非之哲學思想

第一節　自利之人性觀

　　荀卿言性惡，謂爭奪殘賊，存乎情性，必隆禮而後臻乎善境。韓非祖其師說，變隆禮進而爲任法，肯定人類自利之劣根性。以爲人之避重就輕，爭名奪利，皆「挾自爲心」，禮義不足用，故齊之以刑，接之以術，一之以法，迺可以統御臣民，推行政令。

一、凡民之自利

　　韓非謂人性喜亂而輕法，利之所在，往往甘冒危險，不辭勞力而爲之：

　　　夫民之性，喜其亂而不親其法。（〈心度〉）

　　　凡人之有爲也，非名之，則利之也。（〈內儲說上〉）

　　　利之所在，民歸之；名之所彰，士死之。（〈外儲說左上〉）

　　　鱓似蛇，蠶似蜀。人見蛇則驚駭，見蜀則毛起。然而婦人拾蠶，漁
　　　人握鱓，利之所在，則忘其所惡，皆爲賁、諸。（〈內儲說上〉）

　　　夫耕之用力也勞，而民爲之者，曰：「可得以富也。」戰之爲事也危，
　　　而民爲之者，曰：「可得以貴也。」（〈五蠹〉）

　　　子胥出走，邊候得之。子胥曰：「上索我者，以我有美珠玉也；今我
　　　已亡之矣，我且曰：子取吞之。」候因釋之。（〈說林上〉）

　　職是之故，人或有善舉，非德義高也；人或有惡念，亦非罪孽深也：利害攸
關，或職業所繫，不得不然：

夫買庸（各本作賣庸，從〈纂聞〉改）而播耕者，主人費家而美食，
調錢布而求易者，非愛庸客也，曰：「如是，耕者且深，耨者且熟耘
也。」庸客致力而疾耘耕，盡巧而正畦陌者，非愛主人也，曰：「如
是，羹且美，錢布且易云也。」（〈外儲說左上〉）

醫善吮人之傷，含人之血，非骨肉之親也，利所加也。（〈備內〉）

輿人成輿，則欲人之富貴；匠人成棺，則欲人之夭死也。非輿人仁，
而匠人賊也。人不貴，則輿不售；人不死，則棺不買。情非憎人也，
利在人之死也。（〈備內〉）

《漢書·刑法志》云：「諺曰：鬻棺者，欲歲之疫。」蓋即因襲韓非之言。假
公濟私，損人利己，劣根於性，常情難免，韓非殆已發揮盡致矣。

韓子本此觀點，標「自爲」以究其極，雖未嘗明言性惡，然其自爲心之
肯定，父子離怨，姑婦分居，勢所必至，無可爲善，則視荀卿尤爲偏激：

人行事施予，以利之爲心，則越人易和；以害之爲心，則父子離且
怨。（〈外儲說左上〉）

衛人嫁其子，而教之曰：「必私積聚。爲人婦而出，常也；其成居，
幸也。」子因私積聚，其姑以爲多私而出之。其子所以反者，倍其所
以嫁。其父不自罪其教子非也，而自知其益富。（〈說林上〉）

人之自利，至於教子積聚，忘修身之務，不恥爲人所出，斯爲下矣。

二、君臣之自利

儒家以爲「君君臣臣父父子子」，君義臣忠，各有德操，故列爲三綱五常。
韓非則揚仁棄義，謂君臣利異，互以計數相合，既無骨肉親戚之恩，其相與
之道，唯在勢與利。韓非云：

人臣之於其君，非有骨肉之親也，縛於勢而不得不事也。（〈備內〉）

今上下之接，無子父之澤。（〈六反〉）

君臣之相與也，非有父子之親也。（〈姦劫弒臣〉）

人臣之情，非必能愛其君也，爲重利之故也。（〈二柄〉）

夫君臣，非有骨肉之親，正直之道，可以得利，則臣盡力以事主；
正直之道，不可以得安，則臣行私以干上。明主知之，故設利害之
道，以示天下而已矣。（〈姦劫弒臣〉）

霸王者，人主之大利也。人主挾大利以聽治，故其任官者當能，其
賞罰無私。……富貴者，人臣之大利也。人臣挾大利以從事，故其
行危至死，其力盡而不望。(〈六反〉)

臣盡死力，以與君市；君垂爵祿，以與臣市。君臣之際，非父子之
親也，計數之所出也。(〈難一〉)

君以計畜臣，臣以計事君，君臣之交計也；害身而利國，臣弗為也；
害國而利臣，君不行也。臣之情，害身無利；君之情，害國無親。
君臣也者，以計合者也。(〈飾邪〉)

匹夫有私便，人主有公利。不作而養足，不仕而名顯，此私便也：
息文學而明法度，塞私便而一功勞，此公利也。(〈八說〉)

如此公私相背，利害相反，上下交計，各為身謀，各取所需，君臣純以利益
相結合，與德義不相干。故人臣窺覘君心，圖謀私利，不惜召外兵以除政敵，
藉強權以得君心，甚而利君之死，乘君勢以劫國。韓非云：

君臣之利，相與異也，何以明之哉？曰：主利在有能而任官，臣利
在無能而得事，主利在有勞而爵祿，臣利在無功而富貴；主利在豪
傑使能，臣利在朋黨用私。是以國地削而私家富，主上卑而大臣重。
故主失勢而臣得國，主更稱蕃臣，而相室剖符，此人臣之所以謫主
便私也。(〈孤憤〉)

臣聞千乘之君無備，必有百乘之臣在其側，以徙其民而傾其國。萬
乘之君無備，必有千乘之家在其側，以徙其威而傾其國。是以姦臣
蕃息，主道衰亡。(〈愛臣〉)

桓公，五霸之上也，爭國而殺其兄，其利大也。臣主之間，非兄弟
之親也。劫殺之功，制萬乘而享大利，則群臣孰非陽虎也。(〈難四〉)

君臣之利異，故人臣莫忠。故臣利立，而主利滅。是以姦臣者，召
敵兵以內除，舉外事以眩主；苟成其私利，不顧國患。(〈內儲說下〉)

為人臣者，窺覘其君心也，無須臾之休，而人主怠傲處其上，此世所
以有劫君弒主也。為人主而大信其子，則姦臣得乘於子以成其私，故
李兌傅趙王而餓主父。為人主而大信其妻，則姦臣得乘於妻以成其
私，故優施傅麗姬，殺申生而立奚齊。…利君死者眾，則人主危。……
故后妃夫人太子之黨成，而欲君之死也，君不死，則勢不重。情非憎

君也，利在君之死也。（〈備內〉）

知臣主之利異者王，以爲同者劫，與共事者殺。（〈八經〉）

由是觀之，君臣利異，臣既莫忠，謅主便私，或樹朋黨，或因內戚，或召外敵，苟成私利，不顧國患。人主挾萬乘之資，不得不多加防備，務掩情匿端，去好去惡，使群臣無所窺乘，方可免於顛覆而長享其國。

儒、墨稱道堯、舜，美其禪讓傳賢。韓非則以爲古今不同，厚薄之實異，古者君主之奉養不厚，故輕辭天子，非情高也，勢薄也。〈五蠹篇〉云：

堯之王天下也，茅茨不剪，采椽不斲，糲粢之食，藜藿之羹，冬日
麑裘，夏日葛衣，雖監門之養，不虧於此矣。禹之王天下也，身執
耒臿，以爲民先，股無完胈，脛不生毛，雖臣虜之勞，不苦於此矣。
以是言之，夫古之讓天子者，是去監門之養，而離臣虜之勞也，故
傳天下而不足多也。

既否認禪讓之美譽，又以舜、禹與湯、武並論，以爲皆劫弒之臣，貪得暴亂，不足爲法。湯之佯讓天下，更屬譎詐：

舜偪堯，禹偪舜，湯放桀，武王伐紂。此四王者，人臣弒其君者也，
而天下譽之。察四王之情，貪得之意也；度其行，暴亂之兵也。然
四王自廣措也，而天下稱大焉；自顯名也，而天下稱明焉。則威足
以臨天下，利足以蓋世，天下從之。（〈說疑〉）

湯以（巳）伐桀，而恐天下言己爲貪也，因乃讓天下於務光。而恐
務光之受之也，乃使人說務光曰：「湯殺君，而欲傳惡聲於子，故讓
天下於子。」務光因自投於河。（〈說林上〉）

職是之故，韓非迺以人性自利爲經，徹底推翻崇拜古聖賢王之偶像心理矣。

三、父子之自利

韓非謂人類各存私心，自利自爲，君臣之間，互相算計。此猶可得而言也，即父子骨肉之親，亦以爲無不權衡利害，各圖私便：

父母之於子也，產男則相賀，產女則殺之。此俱出父母之懷衽，然
男子受賀，女子殺之者，慮其後便，計之長利也。故父母之於子也，
猶用計算之心以相待也，而況無父子之澤乎！（〈六反〉）

人爲嬰兒也，父母養之簡，子長而怨。子盛壯成人，其供養薄，父

> 母怒而誚之。子、父，至親也，而或誚或怨者，皆挾相爲，而不周
> 於爲己也。(〈外儲說左上〉)

父子至親，亦蓄「計算」與「自爲」之心，大有「以德報德，以怨報怨」之
相對情勢，未能以絕對無條件之愛爲基礎，人之利己性惡，視鳥獸爲不如矣。

　　賈誼〈陳政事書〉云：

> 商君遺禮義，棄仁恩，並心於進取。行之二歲，秦俗日敗。故秦人
> 家富，子壯則出分；家貧，子壯則出贅。借父耰鋤，慮有德色，母
> 取箕帚，立而誶語；抱哺其子，與公併倨，婦姑不相說，則反脣而
> 相稽。其慈子耆利，不同禽獸者亡幾耳。(《漢書‧賈誼傳》)

秦俗澆薄如此，商君「遺禮義棄仁恩」有以致之。賈子所陳親子利己之弊，
可與韓非之說並讀而會觀。

四、夫妻之自利

　　五倫之中，夫妻至親暱者也，然以自爲之故，亦莫不以利心相窺。后妃
夫人之身疑疏賤，子疑不爲後，而冀其君死，甚而有鴆毒扼昧之施；而匹婦
碌碌，亦寧守清貧，不欲暴富，以免愛者愈疏：

> 夫妻者，非有骨肉之恩也，愛則親，不愛則疏。語曰：「其母好者，
> 其子抱。」然則其爲之反也，其母惡者，其子釋。丈夫年五十，而
> 好色未解也；婦人年三十，而美色衰矣。以衰美之婦人，事好色之
> 丈夫，則身疑見疏賤，而子疑不爲後。此后妃夫人之所以冀其君之
> 死者也。唯母爲后，而子爲主，則令無不行，禁無不止；男女之樂，
> 不減於先君，而擅萬乘不疑。此鴆毒扼昧之所以用也。(〈備內〉)

> 鄭君已立太子矣，而有所愛美女，欲以其子爲後。夫人恐，因用毒
> 藥賊君，殺之。(〈內儲說下〉)

> 衛人有夫妻禱者，而祝曰：「使我無故，得百束布。」其夫曰：「何
> 少也？」對曰：「益是，子將以買妾。」(〈內儲說下〉)

夫妻之間，各爲身謀如此，人性之自利，尤顯而易見。

五、結　論

　　儒家謂古代風俗淳厚，且多聖人。韓非則否定其說，認爲此由環境使然，

未可據爲人性之善。其言曰：

> 古者，丈夫不耕，草木之實足食也；婦人不織，禽獸之皮足衣也。
> 不事力而養足，人民少而財有餘，故民不爭。是以厚賞不行，重罰
> 不用，而民自治。今人有五子不爲多，子又有五子，大父未死而有
> 二十五孫。是以人民眾而貨財寡，事力勞而供養薄，故民爭。雖倍
> 賞累罰，而不免於亂。（〈五蠹〉）

> 饑歲之春，幼弟不饟；穰歲之秋，疏客必食。非疏骨肉，愛過客也，
> 多少之實異也。是以古之易財，非仁也，財多也；今之爭奪，非鄙
> 也，財寡也。（〈五蠹〉）

可見古今人行爲之不同，實由財貨多寡之異，有以致之。而自私自利，乃人類之天性，且此種「自爲心」永無止境，能知足知止者，古今罕見。蓋得寸進尺，得隴望蜀，實凡民之恆情。韓非云：

> 老聃有言曰：「知足不辱，知止不殆。」夫以殆辱之故，而不求於足
> 之外者，老聃也。今以爲足民而可以治，是以民皆如老聃也。（〈六反〉）

由是可知，人類利己之性，幾不可移，難以爲善，故欲矯人之性，不得不設刑責，以必民心。賞所以獎有功，刑所以戒有罪，功興罪止，則天下可治。

其次，君臣公私利害相反，既互相窺伺，人主不可不用君術；又儒家倡重德尚賢，韓非則以爲賢德非惟不足禁暴止亂，適足以賈禍，不如任勢之切時務：

> 君無見其所欲，君見其所欲，臣將自雕琢。君無見其意，君見其意，
> 臣將自表異。故曰：去好去惡，臣乃見素；去智去舊，臣乃自備。
> 故有智而不以慮，使萬物知其處；有賢而不以行，觀臣下之所因；
> 有勇而不以怒，使羣臣盡其武。……明君無爲於上，群臣竦懼乎下。
> （〈主道〉）

> 夫嚴家無悍虜，而慈母有敗子，吾以此知威勢之可以禁暴，而德厚
> 之不足以止亂也。（〈顯學〉）

> 世之學者說人主，不曰「乘威嚴之勢，以困姦衺〔邪〕之臣。」而
> 皆曰「仁義惠愛而已矣。」世主美仁義之名，而不察其實，是以大
> 者國亡身死，小者地削主卑。（〈姦劫弒臣〉）

> 世之所謂賢者，貞信之行也。……若夫賢貞信之行者，必將貴不欺

之士，貴不欺之士者，亦無不可欺之術也。……今人主處制人之勢，
有一國之厚，重賞嚴誅，得操其柄，以修明術之所燭，雖有田常、
子罕之臣，不敢欺也，奚待於不欺之士？今貞信之士不盈於十，而
境內之官以百數；必任貞信之士，則人不足官。人不足官，則治者
寡，而亂者眾矣。故明主之道，一法而不求智，固術而不慕信，故
法不敗，而群官無姦詐矣。(〈五蠹〉)

綜上以觀，韓非政治思想之尚法、任勢、用術，其在哲學上之理論基礎，實
建築於自利之人性觀。

第二節　進化之歷史觀

一、治世不一道，便國不法古

　　春秋戰國之際，社會劇變，一時諸子，率皆不滿現狀，各思濟世。儒家
祖述堯、舜，憲章文、武；墨者背周道而用夏政；道家託始於黃帝；大抵以
爲歷史退化，欲改革現狀，唯有「法古」一途。法家則不然，獨懷創新之意，
以爲歷史進化，法古不足應世之急，欲改革現狀，必「論世之事，因爲之備」，
遂有變古之說。子產初鑄刑書，不惜反古，即明言欲以「救世」；商鞅繼之變
法，以爲三代異勢，治道不同，但求便國，不必法古，迺歷史進化之哲學已
逐漸形成。《商君書》云：

　　　上世親親而愛私，中世上賢而說仁，下世貴貴而尊官。……此三者
　　　非事相反也，民道弊而所重易，世事變而行道異也。……聖人不法
　　　古，不修今，法古則後於時，修今則塞於勢。周不法商，夏不法虞，
　　　三代異勢，而皆可以王。……古之民樸以厚，今之民巧以偽。故效
　　　於古者，先德而治；效於今者，前刑而法。(〈開塞〉第七)

　　　三代不同禮而王，五霸不同法而霸。……前世不同教，何古之法？
　　　帝王不相復，何禮之循？伏羲、神農，教而不誅；黃帝、堯、舜，
　　　誅而不怒。及至文、武，各當時而立法，因事而制禮，禮法以時而
　　　定，制令各順其宜，兵甲器備，各便其用。臣故曰：治世不一道，
　　　便國不必法古。(〈更法〉第一)

由「民道弊而所重易，世事變而行道異」，及「禮法以時而定，制令各順其宜」，

從而得出「治世不一道，便國不法古」之結論。《史記・商君列傳》云：「衛鞅曰……聖人苟可以彊國，不法其故，苟可以利民，不循其禮。……智者作法，愚者制焉。賢者更禮，不肖者拘焉。……故湯、武不循古而王，夏、殷不易禮而亡，反古者不可非，而循禮者不足多。」此視〈開塞〉、〈更法〉三篇之原文，尤爲簡切。但求彊國利民，不必法古循禮，韓非之進化歷史觀，實導源於此。

二、世異則事異，事異則備變

韓非師承商君之意，徹底發揮前輩法家歷史進化之哲學思想，其說可一言以蔽之曰：「論世之事，因爲之備」。所謂：「事因於世，而備適於事」；又曰：「世異則事異，事異則備變」，皆此一語之注腳。古今時勢不同，世俗之崇尚亦因而有異：

> 上古競於道德，中世逐於智謀，當今爭於氣力。……夫古今異俗，新故異備，如欲以寬緩之政，治急世之民，猶無轡策而御悍馬，此不知之患也。（〈五蠹〉）

> 古人亟於德，中世逐於智，當今爭於力。古者寡事而備簡，樸陋而不盡，故有珧銚而推車者。古者人寡而相親，物多而輕利易讓，故有揖讓而傳天下者。然則行揖讓，高慈惠，而道仁厚，皆推政也。處多事之時，用寡事之器，非智者之備也；當大爭之世而循揖讓之軌，非聖人之治也。故智者不乘推車，聖人不行推政也。（〈八說〉）

> 古者文王處豐、鎬之間，地方百里，行仁義而懷西戎，遂王天下。徐偃王處漢東，地方五百里，行仁義，割地而朝者三十有六國。荊文王恐其害己也，舉兵伐徐，遂滅之。故文王行仁義而王天下，偃王行仁義而喪其國，是仁義用於古，而不用於今也。故曰：「世異則事異。」當舜之時，有苗不服，禹將伐之。舜曰：「不可。上德不厚而行武，非道也。」乃修教三年，執干戚舞，有苗乃服。共工之戰，鐵銛距者及乎敵，鎧甲不堅者傷乎體。是干戚用於古，不用於今也。
> 故曰：「事異則備變」。（〈五蠹〉）

儒家循古守舊，主張法先王。荀卿晚出，鑑於上古制度文物不可考，屢言法後王。然時代紛更，人情各異，「世異事異，事異備變。」法制必與時俱進，否則必不能因應制宜。韓非以爲上古、中古、近古之事各異，不得不變備適

會，無論先王後王，俱不足法。其言曰：

> 上古之世，人民少而禽獸眾，人民不勝禽獸蟲蛇。有聖人作，構木
> 爲巢，以避群害，而民悅之，使王天下，號之曰「有巢氏」。民食果、
> 蓏、蚌、蛤，腥、臊、惡、臭，而傷害腹胃，民多疾病。有聖人作，
> 鑽燧取火，以化腥臊，而民說之，使王天下，號之曰「燧人氏」。中
> 古之世，天下大水，而鯀、禹決瀆。近古之世，桀、紂暴亂，而湯、
> 武征伐。今有構木鑽燧於夏后氏之世者，必爲鯀、禹笑矣；有決瀆
> 於殷、周之世者，必爲湯、武笑矣。然則今有美堯、舜、禹、湯、
> 武之道於當今之世者，必爲新聖笑矣。是以聖人不期循古，不法常
> 可，論世之事，因爲之備。（〈五蠹〉）

蓋各時代有各時代社會背景，政治措施若墨守成規，無異刻舟求劍，必爲識
者所笑。仁義不足用，揖讓之軌不可循，捨變法以應急世之需而莫由，此必
然之結論也：

> 不知者，必曰：「無變古，毋易常。」變與不變，聖人不聽，正治而
> 已。然則古之無變，常之毋易，在常古之可與不可。伊尹毋變殷，
> 太公毋變周，則湯、武不王矣。管仲毋變齊，郭偃毋更晉，則桓、
> 文不霸矣。（〈南面〉）

> 故治民無常，唯法爲治。法與時轉則治，治與事宜則有功。故民樸
> 而禁之以名則治，世知而維之以刑則從；時移而法不易者亂，能眾
> 而禁不變者削。故聖人之治民也，法與時移，而禁與能變。（〈心度〉）

> 先聖有言曰：「規有摩，而水有波，我欲更之，無奈之何！」此通權
> 之言。（〈八說〉）

「法與時轉」，「治與事宜」，蓋社會既隨時代演變，舊制度不合時宜，若因襲
不變，必妨礙進步，故法令應隨時代而更張。

三、結　論

　　韓非既持進化之歷史觀，講求創新，遂竭力抨擊儒家之法古論，以爲儒、
墨祖述堯、舜，考信於千載之前，無參驗而必，實愚誣之學，不足置信。爲
政者如一味則古稱先，不能順時合宜，應世備變，則亦宋人守株待兔、鄭人
買履取度、嬰兒塵塗爲戲之類也：

孔子、墨子俱道堯、舜，而取舍不同，皆自謂眞堯、舜。堯、舜不復生，將誰使定儒、墨之誠乎？殷、周七百餘歲，虞、夏二千餘歲，而不能定儒、墨之眞；今乃欲審堯、舜之道於三千歲之前，意者其不可必乎！無參驗而必之者，愚也；弗能必而據之者，誣也。故明據先王，必定堯、舜者，非愚則誣也。（〈顯學〉）

宋人有耕者，田中有株，兔走觸株，折頸而死，因釋其耒而守株，冀復得兔，兔不可復得，而身爲宋國笑。今欲以先王之政，治當世之民，皆守株之類也。（〈五蠹〉）

夫不適國事，而謀先王，皆歸取度者也。……鄭人有欲買履者，先自度其足，而置之其坐。至之市，而忘操之；已得履，乃曰：「吾忘持度，反歸取之。」及反，市罷，遂不得履。人曰：「何不試之以足？」曰：「寧信度，無自信也。」（〈外儲說左上〉）

夫嬰兒相與戲也，以塵爲飯，以塗爲羹，以木爲戴；然至日晚必歸饟者，塵飯塗羹，可以戲，而不可食也。夫稱上古之傳頌，辯而不愨，道先王仁義，而不能正國者，此亦可以戲，而不可以爲治也。（〈外儲說左上〉）

此韓非所以不期循古，不貴先王禮義，而以法度賞罰爲治國之準則也。

第三節　務力之國家觀

一、圖謀治強，惟務實力

《墨子‧兼愛上篇》有言：「諸侯各愛其國，故攻異國以利其國。」由於人性自利，國與國之間，亦各自爲謀，放利而行，轉相侵伐，絕無道義之可言。故法家論政，多重強國，尚權力。《商君書‧愼法篇》：

千乘能以守者，自存也；萬乘能以戰者，自完也；雖桀爲主，不肯詘半辭以下其敵。外不能戰，內不能守，雖堯爲主，不能以不臣諧所謂不若之國。自此觀之，國之所以重，主之所以尊者，力也。

此言爲政務在強國，強國以力不以德。韓非更強調其說。其論當時之世，不曰：「當今爭於力。」（〈八說〉）即曰：「當今爭於氣力。」（〈五蠹〉）「處多事之時……；當大爭之世」（〈八說〉）強則服人，弱則服於人；國家欲圖生存發

展，勢不得不務力：

> 敵國之君王，雖說吾義，吾弗入貢而臣。關內之侯，雖非吾行，吾必
> 使執禽而朝，是故力多則人朝，力寡則朝於人，故明君務力。(〈顯學〉)

> 君人者，國小則事大國；兵弱則畏強兵。大國之所索，小國必聽；
> 強兵之所加，弱兵必服。(〈八姦〉)

> 夫王者，能攻人者也；而安，則不可攻也。強，則能攻人者也；治，
> 則不可攻也。治強不可責於外，內政之有也。今不行法術於內，而
> 事智於外，則不至於治強矣。(〈五蠹〉)

人與人相處，既以私利為發端，國際間往還，亦以利害為前提，強權爭執，
唯在一「力」字。力多，不必有德，而強國請服，弱國入朝；力寡，雖行仁
義，非唯弱國不朝，抑且自朝於強國。圖國之治強者，不得不實行重農主義、
軍國主義，蓋外交不足恃，國力之充實，唯有責於內政之自力更生耳。依韓
非之進化歷史觀，仁義之道用於古，而不用於今。國家乃社會之最高組織，
國際絕無和平，亦無所謂世界大同。蓋戰國時代，國與國既「爭於力」，國際
間但有利害，無仁義；有強權，無公理。侵略者之所欲得者吾土地，所顧忌
者吾戰守，揖讓、仁義、辯智，皆不足以解決爭端。故為政者欲抵抗外侮，
保全獨立，捨「務力」而莫由。

　　至若國家對內，韓非以為亦須以權力求統治。故曰：

> 勢者，勝眾之資也。(〈八經〉)

> 夫國之所以強者政也，主之所以尊者權。(〈心度〉)

> 萬乘之主，千乘之君，所以制天下而征諸侯者，以其威勢也。威勢
> 者，人主之筋力也。(〈人主〉)

人性自利自為，欲望無涯，幾不可為善，故公私相背，君臣異利。然國家之
公利高於一切，欲統制國家，尊君而卑臣，必須以權力遏止人民之自利。為
政者必不能恃人之為吾善，不我欺，不我叛。其治境內之民，可恃者，唯一
絕對強制之權力耳。

二、崇尚功利，菲薄仁義

　　法家皆重權勢，尚功利，韓非持務力之國家觀，其學術思想，無一而非
功利主義。治國御民，唯在務力：

今境內之民皆言治，藏商、管之法者家有之，而國愈貧，言耕者眾，執耒者寡也。境內皆言兵，藏孫、吳之書者家有之，而兵愈弱，言戰者多，被甲者少也。故明主用其力，不聽其言，賞有功，必禁無用。(〈五蠹〉)

國平養儒俠，難至用介士，所利非所用，所用非所利，是故服事者簡其業，而游學者日眾，是世之所以亂也。(〈五蠹〉)

今世主察無用之辯，尊遠功之行，索國之富強，不可得也。博習辯智如孔、墨，孔、墨不耕耨，則國何得焉？修孝寡欲如曾、史，曾、史不戰攻，則國何利焉？(〈八說〉)

以「力」謀富強，則貴耕戰之士。韓非謂「儒以文亂法，俠以武犯禁」，既不周於用，亦且有礙於治。智如孔、墨，孝如曾、史，皆不事耕戰，無補於國，俱在詆毀之列。故韓非菲薄仁義：

故善毛嬙、西施之美，無益吾面；用脂澤粉黛，則倍其初。言先王之仁義，無益於治；明吾法度，必吾賞罰者，亦國之脂澤粉黛也。故明主急其功而緩其頌，故不道仁義。(〈顯學〉)

明主舉事實，去無用，不道仁義者故，不聽學者之言。(〈顯學〉)

是以天下之眾，其言談者，務為辯而不周於用，故舉先王、言仁義者盈庭，而不免於亂。行身者，競於為高而不合於功，故智士退處巖穴，歸祿不受，而兵不免於弱。(〈五蠹〉)

行仁義者非所譽，譽之則害功；工文學者，非所用，用之則亂法。(〈五蠹〉)

有道之主，遠仁義，去智能，服之以法。(〈說疑〉)

且夫以法行刑，而君為之流涕，此以效仁，非以為治也。夫垂泣不欲刑者，仁也；然而不可不刑者，法也。先王勝其法，不聽其泣，則仁之不可以為治，亦明矣。(〈五蠹〉)

王(魏惠王)曰：「慈惠，行善也；行之而亡，何也？」卜皮對曰：「夫慈者不忍，而惠者好與也。不忍，則不誅有過；好予，則不待有功而賞。有過不罪，無功受賞，雖亡不亦可乎！」(〈內儲說上〉)

法乃治國之準繩，國不可一日無法。今仁義與之相敵，則韓非去仁義而行法。

總之，韓非為一國家至上主義者，肯定國家公利，否認個人存在之價值。

由於「明君務力」，故崇尚功利，菲薄仁義，諷刺儒家「悅近來遠」之遠大理想，而純任法家「興功懼暴」之現實主義矣。

三、結　論

　　韓非基於人性自利與歷史進化，發為務力之國家觀。以為國家對外須以實力求發展，對內須以權力求統治。實力所繫，端在耕戰二者，以期富國強兵；權力所制，則用眾舍寡，尚法用術，以期國治民安。故韓非尚權力之說，又有賴於法、術二者之運用。以韓非之思想體系言之，勢、法、術三者，實相互為用，相輔相成；無勢，則法、術失所憑依；無法，則術、勢之運用失所遵循；無術，則無以察姦止亂，法固難於貫徹，勢亦莫能強固。惟有法、術、勢兼施，使人民去私存公，為大我而犧牲小我，一切以國家公利為依歸，則國可長治久安。章太炎先生云：「韓非有見於國，無見於人；有見於群，無見於孑。」(《國故論衡·原道》) 韓非國家社會哲學之精義，即在於此。

第四章　韓非之政治思想

第一節　任　勢

一、非勢無以言治

　　勢必有位，亦必有威，故韓非屢稱勢位、威勢，此蓋主權或統治權之問題。其〈難勢篇〉即純爲勢論。良由人性自利，非勢不足御眾；歷史進化，非勢不能應世；國家務力，非勢無以自強。韓非之言任勢，與西方所謂權力政治（Power Politics）義實相似。無勢則無以勝眾、理亂而治國：

　　　　勢者，勝眾之資也。（〈八經〉）

　　　　明主之治國也，任其勢。（〈難三〉）

　　　　吾以此知威勢之可以禁暴，而德厚之不足以止亂也。（〈顯學〉）

韓非本自利之人性觀，以爲明主治國，若出以相愛之道，必將徒滋紛擾，無濟於事。故須確立「利害之道，以示天下」：

　　　　聖人之治國也，固有使人不得不爲我之道，而不恃人之以愛爲我也。恃人之以愛爲我者危矣，恃吾不可不爲者安矣。夫君臣非有骨肉之親，正直之道，可以得利，則臣盡力以事主。正直之道，不可以得安，則臣行私以干上。明主知之，故設利害之道，以示天下而已矣。夫是以人主雖不口教百官，不目索姦衺（邪），而國已治矣。人主者，非目若離婁乃爲明也，非耳若師曠乃爲聰也。不任其數，而待目以爲明，所見者少矣，非不弊之術也。不因其勢，而待耳以爲聰，所

> 聞者寡矣，非不欺之道也。……故善任勢者國安，不知因其勢者國
> 危。(〈姦劫劫臣〉)

又自歷史進化觀言之，社會變動不居，人口不斷增加，物質日益減少，求供
既不能平衡，則紛爭愈趨複雜。「世異則事異，事異則備變」，君主勢必集中
並擴大權力，內求統治，外謀發展，亦不得不任勢。勢既為國家統治權，即
必須具普遍最高之強制性，否則權力無以集中：

> 勢之為道也，無不禁。(〈難勢〉)

> 萬物莫如身之至貴也，位之至尊也，主勢之隆也。(〈愛臣〉)

準此，勢之效力「無不禁」，而可排除一切，勢之地位，「至隆重」，而尊貴無
上。夫然，而後始可實現「尊君卑臣，令行禁止」之集權政治。

二、勢必操之於君

韓非主張勢必操之於君，與近代「主權在君」說相侔。國君任勢，握有
統治權，絕不可輕易假借于他人，理由如下：

> 人臣之於其君，非有骨肉之親也，縛於勢而不得不事也。(〈備內〉)

> 民者，固服於勢，寡能懷於義。(〈五蠹〉)

> (秦襄)王曰：子何故不知於此？彼民之所以為我用者，非以吾愛
> 之為我用者也，吾釋勢而與民相收若是，吾適不愛，而民因不為我
> 用也，故遂絕愛道也。(〈外儲說右下〉)

> 萬乘之主，千乘之君，所以制天下而征諸侯者，以其威勢也。威勢
> 者，人主之筋力也。今大臣得威，左右擅勢，是人主失力；人主失
> 力，而能有國者，千無一人。(〈人主〉)

> 主之所以尊者，權也。……明君操權而上重。(〈心度〉)

> 勢重者，人君之淵也。君人者，勢重於人臣之間，失則不可復得也。
> (〈喻老〉)

人君絕惠愛之道，藉勢以制天下，征諸侯，勢猶人主之筋力，失則不可復得，
故發為君獨擅勢，勢不借人之理論：

> 權勢不可借人；上失其一，下以為百。故臣得借則力多，力多則內
> 外為用，內外為用則人主壅。(〈內儲說下〉)

> 有主名而無實，臣專法而行之，周天子是也。偏借其權勢，則上下

易位矣。此言人臣之不可借權勢也。(〈備內〉)

分勢不貳，庶適不爭；權籍不失，兄弟不侵。(〈八經〉)

人主者不操術，則威勢輕而臣擅名。(〈外儲說右下〉)

人主無威，而重在左右矣。(〈三守〉)

凡人主之國小而家大，權輕而臣重者，可亡也。(〈亡徵〉)

大臣兩重，父兄眾強，內黨外援以爭事勢者，可亡也。(〈亡徵〉)

除理論之闡述而外，韓非又詳舉例證以明之：

王良、造父，天下之善御者也，然而使王良操左革而叱咤之，使造父操右革而鞭笞之，馬不能行十里，共故也。田連、成竅，天下之善鼓琴者也，然而田連鼓上，成竅撫下，而不能成曲，亦共故也。夫以王良、造父之巧，共轡而御，不能使馬，人主安能與其臣共權以為治？以田連、成竅之巧，共琴而不能成曲；人主又安能與其臣共勢以成功乎？(〈外儲說右下〉)

方吾子曰：「吾聞之，古禮：行不與同服者同車，居不與同族者共家，而況君人者乃借其權而外其勢乎！」(〈外儲說右下〉)

惡自治之勞憚，使群臣輻湊用事，因傳柄移籍，使殺生之機，奪予之要，在大臣，如是者侵。此謂三守不完，三守不完，則劫殺之徵也。(〈三守〉)

人主之所以身危國亡者，大臣太貴，左右太威也。所謂貴者，無法而擅行，操國柄而便私者也。所謂威者，擅權勢而輕重者也。此二者，不可不察也。(〈人主〉)

愛臣太親，必危其身。大臣太貴，必易主位。主妾無等，必危嫡子。兄弟不服，必危社稷。臣聞千乘之君無備，必有百乘之臣在其側，以徙其民而傾其國。萬乘之君無備，必有千乘之家在其側，以徙其威而傾其國。是以姦臣蕃息，主道衰亡。是故諸侯之博大，天子之害也；群臣之太富，君主之敗也。將相之後主而隆家，此君人者所外也。(〈愛臣〉)

前二則，說明人君權勢不可外借，及君臣共權勢之必不可行；後三則，慨言權勢未能獨擅，左右大臣太威太貴，操國柄以便私，君既失權勢，必有劫殺

亡國之患，不可不慎。故勢必操之於君，乃理之當然者也。

三、任賢不如任勢

《管子・明法解》曰：

> 明主在上位，有必治之勢，則群臣不敢爲非。是故群臣之不敢欺主
> 者，非愛主也，以畏主之威勢也。百姓之爭用，非以愛主也，以畏
> 主之法令也。故明主操必勝之數，以治必用之民；處必尊之勢，以
> 制必服之臣。故令行禁止，主尊而臣卑。故〈明法〉曰：「尊君卑臣，
> 非計親也，以勢勝也。」

此謂明主擅勢，處尊位以制臣民，當爲法家言勢之祖。然《管子》一書，諸
家多以爲戰國時作品，任勢之說，未必即管子之言。《韓非子・難勢篇》，以
任勢、任賢兩說互相辯難，以明任賢不如任勢，其稱引慎子論勢之言曰：

> 慎子曰：「飛龍乘雲，騰蛇遊霧，雲罷、霧霽，而龍蛇與蚯蟺同矣，
> 則失其所乘也。故賢人而詘於不肖者，則權輕位卑也；不肖而能服
> 賢者，則權重位尊也。堯爲匹夫，不能治三人；而桀爲天子，能亂
> 天下。吾以此知勢位之足恃，而賢智之不足慕也。夫弩弱而矢高者，
> 激於風也。身不肖而令行者，得助於眾也。堯教於隸屬，而民不聽；
> 至於南面而王天下，令則行，禁則止。由此觀之，賢智未足以服眾，
> 而勢位足以詘賢者也。」

飛龍騰蛇，釋雲霧則無所施展；堯爲賢君，必南面而王，然後令行禁止。由
此可知勢位足以服眾，而賢智未足以服人。有勢，雖不肖，足以制天下；無
勢，雖賢者亦無能正三家。勢重位尊，則不肖足以制賢：

> 夫有材而無勢，雖賢不能制不肖，故立尺材於高山之上，而下臨千
> 仞之谿，材非長也，位高也。桀爲天子，能制天下，非賢也，勢重
> 也。堯爲匹夫，不能正三家，非不肖也，位卑也。千鈞得船則浮，
> 錙銖失船則沈，非千鈞輕而錙銖重也。有勢之與無勢也。故短之臨
> 高也以位，不肖之制賢也以勢。（〈功名〉）

儒家尚賢，反對專言任勢，「桀爲天子，能亂天下。」勢位必待賢者用之，不
肖者任勢，則流弊滋多。然而天下賢者寡而不肖者眾，今任勢不任賢，以勢
亂天下者必多。韓非故設非難之語曰：

> 應慎子曰……夫勢者，非能必使賢者用己，而不肖者不用己也。賢

者用之，則天下治，不肖者用之，則天下亂。人之情性，賢者寡而
不肖者眾。而以威勢之利，濟亂世之不肖人，則是以勢亂天下者多
矣，以勢治天下者寡矣。……夫良馬固車，使臧獲御之，則爲人笑；
王良御之，而日取千里。車馬，非異也，或至乎千里，或爲人笑，
則巧拙相去遠矣。今以國爲車，以勢爲馬，以號令爲轡銜，以刑罰
爲鞭筴，使堯、舜御之，則天下治；桀、紂御之，則天下亂，則賢
不肖相去遠矣。夫欲追速致遠，知任王良；欲進利除害，不知任賢
能，此則不知類之患也。夫堯、舜亦治民之王良也。（〈難勢〉）

韓非分勢爲自然之勢與人爲之勢。自然之勢，爲勢位之傳襲，出於自然，業
經確定，莫可如何，無須多論；人設之勢，乃威勢之運用，治國不可或缺，
又爲人所易爲者。韓非側重威勢之用，以爲堯、舜生而在上位則治，桀、紂
生而在上位則亂，乃自然形勢，非所言之勢也。任勢固與人才有關，然上智
下愚，終係少數，絕大多數爲中材，故實行統治，若釋法廢勢而待賢者，不
如使中材抱法處勢，任賢實不如任勢之穩妥可用也：

夫勢者，名一，而變無數者也。勢必於自然，則無爲言於勢矣。吾
所爲言勢者，言人之所設也。今曰：「堯、舜得勢而治，桀、紂得勢
而亂」，吾非以堯、舜爲不然也。雖然，非人之所得設也。夫堯、舜
生而在上位，雖有十桀、紂不能亂者，則勢治也。桀、紂亦生而在
上位，雖有十堯、舜而亦不能治者，則勢亂也。故曰：「勢治者則不
可亂，而勢亂者則不可治也。」此自然之勢也，非人之所得設也。
若吾所言，謂人之所得設也而已矣。（〈難勢〉）

堯、舜、桀、紂，千世而一出，是比肩隨踵而生也。世之治也，不
絕於中，吾所爲言勢者，中也。中者，上不及堯、舜，而下亦不爲
桀、紂，抱法處勢則治，背法去勢則亂。今廢勢背法而待堯、舜，
堯、舜至乃治，是千世亂而一治也。抱法處勢而待桀、紂，桀、紂
至乃亂，是千世治而一亂也。……無慶賞之勸、刑罰之威，釋勢委
法，堯、舜戶說而人辯之，不能治三家。夫勢之足用亦明矣。而曰
「必待賢」，則亦不然矣。（〈難勢〉）

中材之人，處君王之位，操賞罰之權，即可治強，不致有「人存政舉、人亡
政息」之弊。至於反對任勢者，以爲賢者寡而不肖者眾，賢者處勢則治，不
肖者處勢則亂，任勢則亂多治少；韓非則認爲「堯、舜、桀、紂，千世而一

出」，賢不肖之治亂，蓋偶然也，非必然也。縱有不肖者出，憑勢爲亂，亦不過千世治而一亂耳，較諸去勢待賢則千世亂而一治者，爲優矣。今使中材抱法處勢，猶中手獲良馬固車也，雖不盡完善，亦周全可行：

> 良馬固車，五十里而一置，使中手御之，追速致遠，可以及也，而千里可日致也，何必待古之王良乎！且御，非使王良也，則必使臧獲敗之；治，非使堯、舜也，則必使桀、紂亂之，此味非飴、蜜也，必苦菜、亭歷也。此則積辯累辭，離理失術，兩末之議也，奚可以難夫道理之言乎哉！（〈難勢〉）

> 託良馬固車，則臧獲有餘。國者、君之車也，勢者、君之馬也。夫不處勢以禁誅擅愛之臣，而必德厚以與下，齊行以爭民，是皆不乘君之車，不因馬之利，釋車而下走者也。（〈外儲說右上〉）

再者，韓非確信威勢必對臣民有普遍之強制力，而儒者賢治則不加強制，因曰「賢勢不相容」。其言任勢，既強調完整之統治權，遂譏刺儒者待賢而治爲愚陋可笑：

> 夫賢之爲勢不可禁，而勢之爲道也無不禁；以不可禁之賢與無不禁之勢，此矛楯之說也。夫賢勢之不相容，亦明矣。……且夫百日不食，以待梁肉，餓者不活；今待堯、舜之賢，乃治當世之民，是猶待梁肉而救餓之說也。夫曰：「良馬固車，臧獲御之。則爲人笑；王良御之，則日取乎千里。」吾不以爲然。夫待越人之善游者，以救中國之溺人，越人善游矣，而溺者不濟矣。夫待古之王良，以馭今之馬，亦越人救溺之說也，不可亦明矣。（〈難勢〉）

總之，韓非承慎子任勢之說，以爲無勢不足言治，賢者不易得，欲擅威勢之用，必使中材抱法處勢以治民，此所以任勢而不任賢也。

四、借賞罰以固勢

賞罰爲勢之有力表現。人性自利，莫不趨安利而避危害，惡誅罰而幸慶賞，故韓非以賞罰爲君之二柄，欲因人情，以行其威勢：

> 凡治天下，必因人情。人情有好惡，故賞罰可用；賞罰可用，則禁令可立，而治道具矣。（〈八經〉）

> 明主之所道制其臣者，二柄而已矣。二柄者，刑德也。何謂刑德？

曰：殺戮之謂刑，慶賞之謂德。爲人臣者，畏誅罰而利慶賞，故人
主自用其刑德，則群臣畏其威而歸其利矣。（〈二柄〉）

明主之道不然。設民所欲，以求其功，故爲爵祿以勸之；設民所惡，
以禁其姦，故爲刑賞以威之。（〈難一〉）

借賞罰以固勢，勢既須操之於君，賞罰之權亦應由君主獨擅。獨擅賞罰，專
制威利，則可免重臣竊柄劫國，制天下如反掌矣：

賞罰下共，則威分。（〈八經〉）

賞罰共，則禁令不行。（〈外儲說右下〉）

賞罰者，利器也。君操之以制臣，臣得之以壅主。（〈內儲說下〉）

賞罰者，邦之利器也，在君則制臣，在臣則勝君。（〈喻老〉）

夫賞罰之爲道，利器也，君固握之，不可以示人。（〈內儲說上〉）

夫虎之所以能服狗者，爪牙也；使虎釋其爪牙而使狗用之，則虎反
服於狗矣。人主者，以刑德制臣者也；今君人者，釋其刑德而使臣
用之，則君反制於臣矣。（〈二柄〉）

其於德施也，縱禁財，發墳倉，利於民者，必出於君，不使人臣私
其德。（〈八姦〉）

韓非論賞罰之道，要在「賞厚而信，罰重而必」。賞厚而信，則示人以大利可
趨；罰重而必，則示人以大害當避。人未有見利不趨，視害不避者。二者兼
行並施，則易收懲惡勸善之效：

公孫鞅之治秦也，設告坐而責其實，連什伍而同其罪，賞厚而信，
刑重而必，是以其民用力勞而不休，逐敵危而不卻，故國富而兵強。
（〈定法〉）

商君說秦孝公以變法易俗而明公道，賞告姦，因末作而利本事。當
此之時，秦民習故俗之有罪可以得免，無功可以得尊顯也，故輕犯
新法。於是犯之者，其誅重而必，告之者，其賞厚而信。……是以
國治而兵強，地廣而主尊。此其所以然者，匿罪之罰重，而告姦之
賞厚也。（〈姦劫弒臣〉）

賞莫如厚而信，使民利之；罰莫如重而必，使民畏之；法莫如一而
固，使民知之。故主施賞不遷，行誅無赦，譽輔其賞，毀隨其罰，

則賢不肖俱盡其力矣。(〈五蠹〉)

賞譽薄而謾者,下不用;賞譽厚而信者,下輕死。(〈內儲說上〉)

凡賞罰之必者,勸禁也。賞厚,則所欲之得也疾;罰重,則所惡之禁也急。……若夫厚賞者,非獨賞功也,又勸一國。受賞者甘利,未賞者慕業,是報一人之功,而勸境內之民也,欲治者奚疑於厚賞!(〈六反〉)

明主之治國也,明賞則民勸功,嚴刑則民親法;勸功則公事不犯,親法則姦無所萌。(〈心度〉)

先王明賞以勸之,嚴刑以威之。賞刑明,則民盡死;民盡死,則兵強主尊。刑賞不察,則民無功而求得,有罪而幸免,則兵弱主卑。(〈飾邪〉)

夫凡國博君尊者,未嘗非法重而可以至乎令行禁止於天下者也。是以君人者,分爵制祿,則法必嚴以重之。夫國治則民安。事亂則邦危。法重者得人情,禁輕者失事實。……民者好利祿而惡刑罰,上掌好惡以御民力,事實不宜失矣。然而禁輕事失者,刑賞失也。其治民不秉法為善也,如是則是無法也。故治亂之理,宜務分刑賞為急。(〈制分〉)

韓非力言人君擅勢,以為賞罰之威利,必兼而用之,否則君失刑德,使臣得專威仁,即有弒劫之禍:

田常上請爵祿而行之群臣,下大斗斛而施於百姓,此簡公失德而田常用之也,故簡公見弒。子罕謂宋君曰:「夫慶賞賜予者,民之所喜也,君自行之;殺戮刑罰者,民之所惡也,臣請當之」。於是宋君失刑,而子罕用之,故宋君見劫。田常徒用德,而簡公弒;子罕徒用刑,而宋君劫。故今世為人臣者,兼刑德而用之,則是世主之危甚於簡公、宋君也。故劫殺壅蔽之主,兼失刑德,而使臣用之,而不危亡者,則未嘗有也。(〈二柄〉)

至若賞罰運用之孰輕孰重,韓非以為罰重於賞:

聖人之治民,度於本,不從其欲,期於利民而已。故其與之刑,非所以惡民,愛之本也。刑勝而民靜,賞繁而姦生。故治民者,刑勝,治之首也;賞繁,亂之本也。(〈心度〉)

魯人燒積澤，天北風，火南倚，恐燒國，哀公懼，自將眾，趣救火。左右無人，盡逐獸，而火不救。乃召問仲尼，仲尼曰：「夫逐獸者樂而無罰，救火者苦而無賞，此火之所以無救也。」哀公曰：「善。」仲尼曰：「事急，不及以賞。救火者盡賞之，則國不足以賞於人，請徒行罰。」哀公曰：「善。」於是仲尼乃下令曰：「不救火者，比降北之罪；逐獸者，比入禁之罪。」令下未遍，而火已救矣。（〈內儲說上〉）

蓋重刑乃法家之一貫主張，適與儒家「省刑罰」（《孟子》）、「刑不患輕，罰不患薄」（《陸賈新語》）之論相反。韓非謂明主不恃人之為吾善，而用其不得為非，謂欲便民長利，救亂止姦，務須重刑：

古之善守者，以其所重，止其所輕；以其所難，止其所易。故君子與小人俱正，盜跖與曾、史俱廉。（〈守道〉）

公孫鞅之法也，重輕罪。重罪者，人之所難犯也。而小過者，人之所易去也。使人去其所易，無離其所難，此治之道。夫小過不生，大罪不至，是人無罪而亂不生也。（〈內儲說上〉）

法之為道，前苦而長利；仁之為道，偷樂而後窮。聖人權其輕重，出其大利，故用法之相忍，而棄仁之相憐也。學者之言，皆曰：「輕刑」，此亂亡之術也。（〈六反〉）

夫惜草茅者，耗禾穗；惠盜賊者，傷良民。今緩刑罰，行寬惠，是利姦邪而害善人也。此非所以為治也。（〈難二〉）

夫欲利者必惡害；害者，利之反也，反於所欲，焉得無惡？欲治者必惡亂，亂者，治之反也。是故欲治甚者，其賞必厚矣；惡亂甚者，其罰必重矣。（〈六反〉）

聖人者，審於是非之實，察於治亂之情也。故其治國也，正明法，陳嚴刑，將以救群生之亂，去天下之禍。……夫嚴刑重罰者，民之所惡也，而國之所以治也。……操法術之數，行重罰嚴誅，則可以致霸王之功。（〈姦劫弒臣〉）

且夫重刑者，非為罪人也，明主之法揆也。……故曰：重一姦之罪，而止境內之邪，此所以為治也。重罰者，盜賊也；而悼懼者，良民也，欲治者奚疑於重刑！……夫以重止者，未必以輕止也；以輕止者，必以重止矣。是以上設重刑者而姦盡止，姦盡止，則此奚傷於

民也。所謂重刑者，姦之所利者細，而上之所加焉者大也；民不以小利蒙大害，故姦必止也。所謂輕刑者，姦之所利者大，上之所加焉者小也；民慕其利而傲其罪，故姦不止也。（〈六反〉）

於是韓非乃有不惜重刑之理論，棄灰即斷手，匿姦則相坐，而行重罰嚴誅矣：

殷之法，棄灰于公道，斷其手。子貢曰：「棄灰之罪輕，斷手之罰重，古人何太毅也？」（仲尼）曰：「無棄灰，所易也；斷手，所惡也。行所易，不關所惡；古人以爲易，故行之。」（〈內儲說上〉）

夫至治之國，善以止姦爲務，……微姦之法奈何？其務令之相規其情者也。然則使相闚奈何？曰：蓋里相坐而已。……告過者，免罪受賞，失姦者，必誅連刑。如此則姦類發矣。姦不容細，私告任坐使然也。（〈制分〉）

其次，韓非之借賞罰以固勢，其最重要之原則，即爲「信賞必罰」。以爲賞罰之用，必須公允妥當，不可私賞私罰，亦不可濫賞濫罰，更不可偷賞赦罰，如此，方能收賞罰之實效。韓非云：

有術之主，信賞以盡能，必罰以禁邪。（〈外儲說左下〉）

明主積於信。賞罰不信，則禁令不行。（〈外儲說左下〉）

愛多者，則法不立；威寡者，則下侵上。是以刑罰不必，則禁令不行。（〈內儲說上〉）

有道之君，……簡令謹誅，必盡其罰。（〈揚摧〉）

夫刑當無多，不當無少。（〈難二〉）

用賞過者失民，用刑過者民不畏。有賞不足以勸，有刑不足以禁，則國雖大必危。（〈飾邪〉）

誅既不當，而以盡爲心，是與天下爲讎也。（〈難四〉）

「信賞必罰」，既爲勢所必須，自應厲行以飭法。蓋明法之主，爲求法禁之貫徹，即使付出極大之代價，亦在所不惜。而臣民違法，縱由於愛君，亦不可寬宥；臣民無功，雖屬於小惠，亦不應輕施。而賞罰之具體標準，又可歸納爲下列五則：

一曰、賞罰須以法禁爲準

明其法禁，必其賞罰……此必不亡之術也。（〈五蠹〉）

寄治亂於法術，託是非於賞罰，屬輕重於權衡。……不引繩之外，不推繩之內。不急法之外，不緩法之內。(〈大體〉)

利之所在，民歸之；名之所彰，士死之。是以功外於法而賞加焉，則上不能得所利於下；名外於法而譽加焉，則士勸名而不畜於君。(〈外儲說左上〉)

聖人之治國也，審於法禁，法禁明著則官治；必於賞罰，賞罰不阿則民用。(〈六反〉)

衛嗣公之時，有胥靡逃之魏，因為襄王之后治病。衛嗣公聞之，使人以五十金買之，五反而魏王不予，乃以左氏易之。群臣左右曰：「夫以一都買一胥靡，可乎？」公曰：「非子所知也。夫治無小而亂無大。法不立而誅不必，雖有十左氏無益也；法立而誅必，雖失十左氏，無害也。」魏王聞之曰：「主欲治，而不聽之，不祥。」因載而往，徒獻之。(〈內儲說上〉)

秦昭王有病，百姓里買牛而家為王禱。公孫述出見之，入賀王曰：「百姓乃皆里買牛為王禱。」王使人問之，果有之。王曰：「訾之人二甲。夫非令而擅禱者，是愛寡人也。夫愛寡人，寡人亦且改法而心與之相循者，是法不立；法不立，亂亡之道也。不如人罰二甲，而復與為治。」(〈外儲說右下〉)

二曰、賞罰須以功罪為憑

治強生於法，弱亂生於阿，……爵祿生於功，誅罪生於罪。(〈外儲說右下〉)

賞不加於無功，罰不加於無罪。(〈難一〉)

聖人之治國也，賞不加於無功，而誅必行於有罪者也。(〈姦劫弒臣〉)

今有功者必賞，賞者不德君，力之所致也，有罪者必誅，誅者不怨上，罪之所生也。(〈難三〉)

賞無功之人，罰不辜之民，非所謂明也。(〈說疑〉)

且夫發囷倉而賜貧窮者，是賞無功也；論囹圄而出薄罪者，是不誅過也。夫賞無功，則民偷幸而望於上；不誅過，則民不懲而易為非，此亂之本也。(〈難二〉)

主過予，則臣偷幸；臣徒取，則功不尊。無功者受賞，則財匱而民望；財匱而民望，則民不盡力矣。（〈飾邪〉）

韓昭侯使人藏弊袴，侍者曰：「君亦不仁矣。弊袴不以賜左右而藏之。」昭侯曰：「非子之所知也。吾聞之，明主愛一嚬一笑，嚬有為嚬，而笑有為笑。今夫袴，豈特嚬笑哉！袴之與嚬笑，相去遠矣，吾必待有功者，故藏之未有予也。」（〈內儲說上〉）

三曰、賞罰須以言事為斷

人主將欲禁姦，則審合形名。形名者，言與事也。為人臣者陳而言，君以其言授之事，專以其事責其功，功當其事，事當其言，則賞；功不當其事，事不當其言，則罰。故群臣其言大而功小者，則罰，非罰小功也，罰功不當名也。群臣其言小而功大者，亦罰；非不說於大功也，以為不當名之害，甚於有大功，故罰。（〈二柄〉）

符契之所合，賞罰之所生也。故群臣陳其言，君以其言授其事，以其事責其功。功當其事，事當其言，則賞；功不當其事，事不當其言，則誅。明君之道，臣不得越官而有功，不得陳言而不當。是故明君之行賞也，曖乎如時雨，百姓利其澤；其行罰也，畏乎如雷霆，神聖不能解也。故明君無偷賞，無赦罰。（〈主道〉）

四曰、賞罰不分親疏貴賤

不辟親貴，法行所愛。（〈外儲說右上〉）

誠有功，則雖疏賤必賞；誠有過，則雖近愛必誅。疏賤必賞，近愛必誅，則疏賤者不怠，而近愛者不驕也。（〈主道〉）

刑過不避大臣，賞善不遺匹夫。（〈有度〉）

五曰、賞罰須與毀譽一致

譽輔其賞，毀隨其罰，則賢不肖俱盡其力矣。今則不然，以其有功也爵之，而卑其士官也；以其耕作也賞之，而少其家業也。以其不收也外之，而高其輕世也；以其犯禁也罪之，而多其有勇也。毀譽賞罰之所加者，相與悖謬也，故法禁壞而民愈亂。（〈五蠹〉）

爵祿，所以賞也；民重所以賞也，則國治。刑之煩也，名之繆也；賞譽不當，則民疑。民之重名，與其重賞也均。賞者有誹焉，不足以勸；

罰者有譽焉，不足以禁。明主之道，賞必出乎公利，名必在乎爲上。
賞譽同軌，非誅俱行。然則民無榮於賞之內。有重罰者，必有惡名，
故民畏。罰，所以禁也；民畏所以禁，則國治矣。(〈八經〉)

……姦僞無益之民六，而世譽之如彼；耕戰有益之民六，而世毀之
如此，此之謂六反。……索國之富強，不可得也。(〈六反〉)

賞莫如厚，使民利之；譽莫如美，使民榮之；誅莫如重，使民畏之；
毀莫如惡，使民恥之。(〈八經〉)

賞譽薄而謾者，下不用；賞譽厚而信者，下輕死。(〈內儲說上〉)

譽所罪，毀所賞，雖堯不治。(〈外儲說左下〉)

古之治人亦然矣。夫賞，所以勸之，而毀存焉；罰，所以禁之，而
譽加焉。民中立而不知所由。(〈外儲說右下〉)

如此，欲賞罰妥善，須與毀譽相應，否則是非混淆，民無所適從。韓非以爲
時君兼禮乎亂法犯禁之士，尊儒則襲其煩擾，禮墨則得其戾偄。名賞在私惡
當罪之民，毀害加公忠宜賞之士，於是人臣以私術成姦，君上不免乎劫奪之
禍，亡徵形乎內，強鄰乘諸外，身危死而國削亡，即不能管制毀譽，賞罰運
用失宜之故。

賞罰既有此五準，故韓非力言人主不因喜謬賞、因怒濫刑，亦反對無端
赦宥：

釋法制而妄怒，雖殺戮而姦人不恐。罪生甲，禍歸乙，伏怨乃結。
故至治之國，有賞罰而無喜怒。(〈用人〉)

不赦死，不宥刑，赦死宥刑，是謂威淫，社稷將危，國家偏威。(〈愛
臣〉)

士無幸賞，無踰行，殺必當，罪不赦，則姦邪無所容其私矣。(〈備內〉)

明君無偷賞，無赦罰。賞偷則功臣墮其業，赦罰則姦臣易爲非。(〈主
道〉)

主施賞不遷，行誅無赦，……則賢不肖俱盡其力矣。(〈五蠹〉)

至若「信賞必罰」，運用於軍政，尚可激勵士氣，克敵制勝，韓非舉證云：

越王問於大夫種曰：「吾欲伐吳，可乎？」對曰：「可矣，吾賞厚而
信，罰嚴而必。君欲知之，何不試焚宮室？」於是遂焚宮室，人莫

救之。乃下令曰：「人之救火者，死、比死敵之賞；救火而不死者，比勝敵之賞；不救火者，比降北之罪。人之塗其體，被濡衣而赴火者，左三千人，右三千人，此知必勝之勢也。(〈內儲說上〉)

吳起爲魏武侯西河之守，秦有小亭臨境，吳起欲攻之，不去則甚害田者，去之則不足以徵甲兵。於是乃倚一車轅於北門之外，而令之曰：「有能徙此於南門之外者，賜之上田上宅。」人莫之徙也，及有徙之者，還賜之如令。俄又置一石赤菽於東門之外，而令之曰：「有能徙此於西門之外者，賜之如初。」人爭徙之。乃下令曰：「明日且攻亭，有能先登者，仕之國大夫，賜之上田上宅。」人爭趨之，於是攻亭，一朝而拔之。(〈內儲說上〉)

《韓非子・難三篇》云：「物之所謂難者，必借人成勢，而勿使侵害己，可謂一難也。」善持勢者，得眾集勢以爲助，而權不下借，此韓非言勢必操之於君也。又以賢不肖者蓋寡，中材之人實多，待賢而爲治，誠非善策，故主任勢不任賢，欲使中材之主，憑勢位，抱法以爲治。並本自利之人性觀，因人情以制賞罰，借賞罰以固勢位，一則「厚賞重罰」以立威，一則「信賞必罰」以立信，依據法律，準諸功罪，斷以言事，公允妥當，力求賞罰與毀譽相應，威信既立，則可以鞏固權勢，貫徹法令，無往而不利矣。

第二節　尚　法

一、因法致強

章太炎先生曰：

法者，制度之大名，周之六官，別其守而陳其典，以擾乂天下，是之謂法。故法家者流，則猶通俗所謂政治家也，非膠於刑律而已。(《檢論》九〈商鞅篇〉)

古者繩治天下，端賴禮與刑，「禮不下庶人，刑不上大夫。」國以「禮」治貴族，以「刑」治平民。「刑」乃貴族統治平民之工具，既含階段性，亦含秘密性，不易爲平民所理解，未有固定之標準。春秋以還，封建制度漸次動搖，法家應時而出，參合法理於政治之中，欲以法爲治國之至善準繩，應時制宜，以期富國強兵，天下慴服，蓋所謂「帝王之學」是也，良非止乎刑律而已。

法治主義起原甚早，管仲、子產時業已萌芽，經李悝、商鞅而益爲完備。韓非之法論，直承商君餘緒，而更發揚光大。蔡元培氏云：

> 韓非集儒、道、法三家之成，以法治主義爲中堅，襲商君而益詳其
> 條理……實商君之嫡系。（《中國倫理史》）

劉咸炘氏云：

> 韓非爲説，大氐宗商。純爲嚴刑立法，密術察姦矣。極詆私行私意，
> 以尊公功，尊主威，則商鞅之本旨也。總而觀之，於商極近。（《子疏》）

尹文子由道歸於法，主「正名定分」，嘗分析法之類別云：

> 法有四呈，一曰不變之法，君臣上下是也。二曰齊俗之法，能鄙同異
> 是也。三曰治眾之法，慶賞刑罰是也。四曰平準之法，律度權量是也。

法家所謂法，蓋以此文之第一二四種爲體，而以其第三種爲用。「治眾之法」，慶賞刑罰，乃狹義之法。韓非言法，每每兼論賞罰，其間區分，極爲不明。法以賞罰爲其制裁，賞罰以法爲具體根據，二者相因而生，相待而成，誠有密切之關係。韓非之賞罰論，已於任勢節明之，茲不贅述。

韓非尚法之理由，全出於自利之人性觀。人有爲惡之傾向，故立法以防止、矯正之；又因人性好逸惡勞，有自然陷溺之趨勢，是以設嚴刑峻法，用相忍之道，期能奮勉圖強，而謀長治久安：

> 聖人之爲法也，所以平不夷，矯不直也。（〈外儲説右下〉）

> 是故禁姦之法，太上禁其心；其次禁其言；其次禁其事。（〈説疑〉）

> 夫嚴刑者，民之所畏也。重罰者，民之所惡也。故聖人陳其所畏以禁其衺，設其所惡以防其姦，是以國安而暴亂不起。（〈姦劫弒臣〉）

> 夫民之性，惡勞而樂佚，佚則荒，荒則不治，不治則亂，而賞刑不行於下者必塞。（〈心度〉）

> 今家人之治產也，相忍以飢寒，相強以勞苦，雖犯軍旅之難，饑饉之患，溫衣美食者，必是家也。相憐以衣食，相惠以佚樂，天饑歲荒，嫁妻賣子者，必是家也。故法之爲道，前苦而長利；仁之爲道，偷樂而後窮。聖人權其輕重，出其大利，故用法之相忍，而棄仁之相憐也。（〈六反〉）

> 聞古扁鵲之治甚病也，以刀刺骨；聖人之救危國也，以忠拂耳。刺骨，故小痛在體，而長利在身；拂耳，故小逆在心，而久福在國。

故甚病之人，利在忍痛；猛毅之君，福以拂耳。忍痛，故扁鵲盡巧；
拂耳，則子胥不失，壽安之術也。(〈安危〉)

至於法之運用，韓非以爲關係一國之強弱盛衰，實爲治亂興亡之所繫：

明法者強，慢法者弱。(〈飾邪〉)

國無常強，無常弱。奉法者強，則國強；奉法者弱，則國弱。(〈有度〉)

治強生於法，弱亂生於阿。(〈外儲說右下〉)

法分明，則賢不得奪不肖，強不得侵弱，眾不得暴寡。(〈守道〉)

聖人者，審於是非之實，察於治亂之情也。故其治國也，正明法，
陳嚴刑，將以救群生之亂，去天下之禍，使強不陵弱，眾不暴寡，
耆老得遂，幼孤得長，邊境不侵，君臣相親，父子相保，而無死亡
係虜之患，此亦功之至厚者也。(〈姦劫弒臣〉)

如此，用法致強，乃時勢所趨，亦爲政者當務之急也。

二、明法去私

明主以法治國，猶因規矩而成方圓，設權衡而知輕重，乃「萬全之道」。
故「以法爲本」，「動無非法」而後令行禁止，治國易如反掌矣。韓非云：

明主使法擇人，不自舉也；使法量功，不自度也。(〈有度〉)

家有常業，雖饑不餓，國有常法，雖危不亡。(〈飾邪〉)

故鏡執清而無事，美惡從而比焉。衡執正而無事，輕重從而載焉。
夫搖鏡則不得爲明，搖衡則不得爲正，法之謂也。故先王以道爲常，
以法爲本。(〈飾邪〉)

明主使其群臣，不遊意於法之外，不爲惠於法之內，動無非法。(〈有
度〉)

巧匠目意中繩，然必先以規矩爲度；上智捷舉中事，必以先王之法
爲比。故繩直而枉木斷，準夷而高科削，權衡懸而重益輕，斗石設
而多益寡，故以法治國，舉措已矣。(〈有度〉)

夫懸衡而知平，設規而知圓，萬全之道也。明主使民飾於法，知道
之故，故佚而有功。(〈飾邪〉)

明主之國，令者，言最貴者也；法者，事最適者也。言無二貴，法

不兩適。故言行而不軌於法者必禁。(〈問辯〉)

明主之治國也，使民以法禁，而不以廉止。(〈六反〉)

故矯上之失，詰下之邪，治亂決繆，絀羨齊非，一民之軌，莫如法。
(〈有度〉)

以法治國之原則，在能「明法去私」。韓非云：

明主之道，必明於公私之分，明法制，去私恩。(〈飾邪〉)

公私不可不明，法禁不可不審，先王知之矣。(〈飾邪〉)

人主使人臣，雖有智能，不得背法而專制；雖有賢行，不得踰功而
先勞；雖有忠信，不得釋法而不禁。此之謂明法。(〈南面〉)

故當今之時，能去私曲，就公法者，民安而國治；能去私行，行公
法者，則兵強而敵弱。(〈有度〉)

峻法、所以禁過外私也。……人主釋法用私，則上下不別矣。(〈有度〉)

夫立法令者，所以廢私也，法令行而私道廢矣。私者，所以亂法
也。……故《本言》曰：「所以治者法也，所以亂者私也，法立則莫
得為私矣」。故曰：「道私者亂，道法者治。」上無其道，則智者有
私詞，賢者有私意，上有私惠，下有私欲。……是教下不聽上，不
從法也。(〈詭使〉)

明主之國，官不敢枉法，吏不敢為私，貨賂不行者，境內之事，盡
如衡石也。(〈八說〉)

夫國事務先而一民心，專舉公而私不從，賞告而姦不生，明法而治
不煩。(〈心度〉)

息文學而明法度，塞私便而一功勞，此公利也。(〈八說〉)

古者，先王盡力於親民，加事於明法，彼法明，則忠臣勸；罰必，
則邪臣止。忠勸邪止，而地廣主尊者，秦是也。群臣朋黨比周，以
隱正道，行私曲，而地削主卑者，山東是也。(〈飾邪〉)

人有利己私心，法為公平正典，明主必先明公私之分，公而忘私，賞之可也；
私而忘公，罰之可也。明法去私，而後能冀收法治之效。故秦明法而強固，
山東諸國用私而卑弱，理至顯明，韓非更舉三例以為證：

荊莊王有茅門之法，曰：「群臣大夫諸公子入朝，馬蹄踐霤者，廷理

斬其輈，戮其御。」於是太子入朝，馬蹗踐霤，廷理斬其輈，戮其御。太子怒，入爲王泣曰：「爲我誅戮廷理！」王曰：「法者，所以敬宗廟，尊社稷；故能立法從令尊敬社稷者，社稷之臣也，焉可誅也？夫犯法廢令不尊敬社稷者，是臣乘君而下尚校也。臣乘君，則主失威；下尚校，則上位危。威失位危，社稷不守，吾將何以遺子孫！」於是太子乃還走，避舍露宿三日，北面再拜請死罪。(〈外儲說右上〉)

吳起示其妻以組，曰：「子爲我織組，令之如是。」組已就而效之，其組異善。起曰：「使子爲組，令之如是，而今也異善，何也？」其妻曰：「用財若一也，加務善之。」吳起曰：「非語也。」使之衣歸，其父往請之，吳起曰：「起家無虛言。」(〈外儲說右上〉)

（文公）曰：「然則何如足以戰民乎！」狐子曰：「令無得不戰。」公曰：「無得不戰奈何？」狐子對曰：「信賞必罰，其足以戰。」公曰：「刑罰之極安至？」對曰：「不辟親貴，法行所愛。」文公曰：「善。」明日，令田於圃陸，期以日中爲期，後期者行軍法焉。於是公有所愛曰顚頡，後期，吏請其罪，文公隕涕而憂。吏曰：「請用事焉。」遂斬顚頡之脊，以徇百姓，以明法之信也。而後百姓皆懼，曰：「君於顚頡之貴重如彼甚也，而君猶行法焉，況於我則何有矣。」文公見民之可戰也，於是遂興兵伐原，克之；伐衛，東其畝，取五鹿；攻陽；勝虢；伐曹；南圍鄭，反之陴；罷宋圍；還與荊人戰城濮，大敗荊人。返爲踐土之盟，遂成衡雍之義。一舉而八有功，所以然者，無他故異物，從狐偃之謀，假顚頡之脊也。(〈外儲說右上〉)

至親如子，至密如妻，猶不得違法以徇私，此法所以爲治國齊民最高之準則也。

三、法之制定

韓非言法之制定，有四項原則：

一曰、法須成文

古之刑法，含階段性與秘密性，春秋而後，封建制度漸次動搖，於是晉鑄刑鼎，子產鑄刑書，鄧析作竹刑，刑鑄於鼎，書於竹，已將秘密打破。及李悝撰《法經》，商鞅行變法，又徹底推翻階級與秘密法，而成爲成文之法。所謂成

文法，一稱制定法，即國家依一定立法程序制定公布之法律也。韓非云：

> 法者，編著之圖籍，設之於官府，而布之於百姓者也。……故法莫
> 如顯。……是以明主言法，則境內卑賤莫不聞知也。（〈難三〉）

> 法者，憲令著於官府，賞罰必於民心，賞存乎慎法，而罰加乎姦令
> 者也。（〈定法〉）

曰「編著之圖籍」，「憲令著於官府」，即法須成文；曰「設之於官府，而布之
於百姓」，即法須公布。法成文，則標準確定；法公布，則民知所從。於是法
眞正由王者御民之密術，變而爲人君齊民之工具，乃法理上一大進步。

　　成文法之制定，爲避免模稜含胡，有所僥倖，韓非又倡法貴詳事：

> 書約而弟子辯，法省而民萌訟。是以聖人之書必著論，明主之法必
> 詳事。（〈八說〉）

法文省約，解釋每多附會，爭端時起，徒增紛擾，故立法既須成文，又需詳明。

二曰、法與時移

　　韓非以爲立法須重時效，由進化之歷史觀推論，時代變更，法制自須變
易，方不致膠柱鼓瑟，窒礙難行：

> 治民無常，唯法爲治。法與時轉則治，治與世宜則有功。故民樸而
> 禁之以名則治，世知而維之以刑則從。時移而法不易者亂，能眾而
> 禁不變者削。故聖人之治民也，法與時移，而禁與能變。（〈心度〉）

三曰、法一而固

　　立法固須因時轉移，然於情勢未變之時，若朝更夕改，法令蓁繁，亦不
足爲治。故法令不得輕易改動，新舊禁令，亦須取捨有道，必使法令統一固
定，而後民始知所遵循。韓非云：

> 法莫如一而固，使民知之。（〈五蠹〉）

> 工人數變業，則失其功；作者數搖徙，則亡其功。……凡法令更則
> 利害易，利害易則民務變，民務變之謂變業。故以理觀之，事大眾
> 而數搖之，則少成功；藏大器而數徙之，則多敗傷；烹小鮮而數撓
> 之，則賊其澤；治大國而數變法，則民苦之。是以有道之君，貴虛
> 靜而重變法。（〈解老〉）

> 晉之故法未息，而韓之新法又生；先君之令未收，而後君之令又下。
> 申不害不擅其法，不一其憲令則姦多。（〈定法〉）

> 好以智矯法，時以私雜公，法禁變易，號令數下者，可亡也。(〈亡徵〉)

四曰、法易知行

以法治國，但尙平實，不好高騖遠，強民所難。若法網過於嚴密，百姓動輒得咎，赭衣塞路，囹圄成市，天下愁怨潰叛，暴秦之亡，可爲炯戒。故明主立法貴在蠲除煩苛，使民易知易行：

> 明主立可爲之賞，設可避之罰。……明主之表易見，故約立；其教易知，故言用；其法易爲，故令行。(〈用人〉)

> 察士然後能知之，不可以爲令，夫民不盡察；賢者然後能行之，不可以爲法，夫民不盡賢。(〈八說〉)

> 且世之所謂賢者，貞信之行也；所謂智者，微妙之言也。微妙之言，上智之所難知也。今爲眾人法，而以上智之所難知，則民無從識之矣。(〈五蠹〉)

蓋天之生民，中材爲多，法令之制定，自應適合大眾之需求，程限不宜峻急，科條切忌瑣碎，漢高祖入關，約法三章，即在輕簡易行也。漢元帝有言曰：「夫法令者，所以抑暴扶弱，欲其難犯而易避也。」庶乎得之。

立法之原則，已如上述，至於法之制定權，應屬何人，韓非未曾明言。梁啓超《先秦政治思想史》云：

> 法家之最大缺點，在立法權不能正本清源。彼宗固力言君主當「置法以自治，立儀以自正。」力言人君「棄法而好行私謂之亂。」(見《管子‧法法》) 然問法何自出，誰實制之，則仍曰君主而已。

近人趙海金《韓非子研究》亦云：

> 法之制定權，在君主政治下，自應屬於國君。韓非對此雖未明言，但由下列二者推之，自當如此：(一) 韓非主任勢，即君有統治權，立法權爲統治權之一種，自應屬於君主無疑。(二) 韓非以賞罰權必須操之在君，而法爲賞罰權行使之依據，其制定權自亦必操之於君。

韓非尚法術，以爲欲富國強兵，必集權中央，使人主任勢，獨擅賞罰，握有至高之統治權。故法之制定權，應操之於君。

四、法之實施

韓非於法之實施，亦有其具體方略：

一曰、法須平等

　　謂在法律之前，無分親疏、尊卑、貴賤、賢愚，直一視同仁，人人平等，不容許特權存在，而有所例外，此即商鞅所謂「壹刑」是也，韓非云：

> 法不阿貴，繩不撓曲，法之所加，智者弗能辭，勇者弗敢爭。（〈有度〉）

> 不辟親貴，法行所愛。（〈外儲說右上〉）

> 刑過不避大臣，賞善不遺匹夫。（〈有度〉）

> 是故誠有功，則雖疏賤必賞；誠有過，則雖近愛必誅。（〈主道〉）

> 父兄犯法，則政亂於內。（〈內儲說上〉）

> 當世之行事，都丞之下徵令者，不辟尊貴，不就卑賤，故行之而法者，雖巷伯信乎卿相；行之而非法者，雖大吏詘乎民萌。（〈難一〉）

春秋戰國時代，封建制度與社會組織漸趨崩潰，而氏族與平民階級亦隨之泯滅。法之作用，在「齊天下之動」（《慎子》佚文），人人俱受法之平等待遇，不得再有智愚賢不肖之分，尊卑貴賤之別；而儒家議親、議故、議賢、議能、議功、議貴、議勤、議賓等達變之旨，皆在擯斥之列。故韓非言法之平等，一切以法律功罪為依歸，不以個人身分而論等差，與商君「刑無等級」說（詳見《商君書·賞刑篇》）實相一致。

　　韓非鑑於「刑不上大夫，禮不下庶人」之不平等，以為法之不行，自尊貴者犯之，刑之所加，全在卑賤之庶民，實非明法至公之道。法之施行，務須普及，不容許有貴族門閥享有特權：

> 上古之傳言，《春秋》所記，犯法為逆以成大姦者，未嘗不從尊貴之臣也。而法令之所以備，刑罰之所以誅，常於卑賤。是以其民絕望無所告愬。（〈備內〉）

> 治也者，治常也。…天下太上之士，不可以賞勸也；天下太下之士，不可以刑禁也。然為太上不設賞，為太下不設刑，則治國用民之道失矣。（〈忠孝〉）

故至治之主，立法制，行賞罰，貴在平等。

二曰、法須奉行

　　管子曰：「君臣上下貴賤皆從法，此之謂大治。」立法為天下程式，必君臣上下奉行，而後可收實效。韓非云：

> 人主者，守法責成以立功者也。（〈外儲說右下〉）

法者，人臣之所師也，……臣無法，則亂於下。(〈定法〉)

人主使人臣，雖有智能，不得背法而專制；雖有賢行，不得踰功而先勞；雖有忠信，不得釋法而不禁，此之謂明法。(〈南面〉)

明主使法擇人，不自舉也；使法量功，不自度也。能者不可弊，敗者不可飾，譽者不能進，非者弗能退。則君臣之間，明辯而易治，故主讎法則可也。(〈有度〉)

賞罰使天下必行之。令曰：「中程者賞，弗中程者誅。」(〈難一〉)

法律絕對神聖，乃法治主義之至高精神。《管子·法法篇》云：「不爲君欲變其令，令尊於君。」人君不但不得縱欲以擅更法令，且須恪守之，並責成臣下奉法。其具體方針有二：一爲讎法，審查人臣行事合法與否；一爲明法，明法之禁，使臣下徹底奉行。如此，則不失立法之深意矣。

三曰、法以吏教

立法固須使民易知易行，法之推行，爲求貫徹無阻，又宜使吏教民習法：

明主之國，無書簡之文，以法爲教；無先王之語，以吏爲師。(〈五蠹〉)

蓋儒者之業，煩瑣而無要，物議而輕法，故韓子倡「以法爲教」，「以吏爲師」，欲民深習法令而不致輕犯。

五、法之效用

法者，所以「齊眾異，定治亂」(《慎子》語) 也。法治爲法家之根本主張，亦其思想體系之重心所在。韓非集法治理論之大成，以法爲至高無上之準繩，確信任法而治，切近易行，具有最高之功效。

就政治言，韓非認懸法爲鵠的，去私存公，上下奉行，則可以圖謀富強，長治久安；與他國競爭勝負，亦可以藉「強力」而立於不敗之地。至其所以嚴誅罰，實鑑於儒家「仁義惠愛之不足用」(〈姦劫弑臣〉)，王道迂闊難行，欲「期於利民」(〈心度〉) 謀國家長治久安，不得不行此必然之策。此點前文業已鋪敘，不另繁引。

至就教育言，韓非確信法之效率遠過「相愛之道」(〈六反〉)：

今有不才之子，父母怒之弗爲改，鄉人譙之弗爲動，師長教之弗爲變。夫以父母之愛，鄉人之行，師長之智，三美加焉，而終不動其脛毛。州部之吏，操官兵，推公法而求索奸人，然後恐懼，變其節，

易其行矣。故父母之愛，不足以教子，必待州部之嚴刑，民固驕於愛，聽於威矣。（〈五蠹〉）

慈母之於弱子也，愛不可為前。然弱子有僻行，使之隨師；有惡病，使之事醫。不隨師，則陷於刑；不事醫，則疑於死。慈母雖愛，無益於振刑救死，則存子者，非愛也。子母之性，愛也；臣主之權，筴也。母不能以愛存家，君安能以愛持國？明主者，通於富強，則可以得欲矣。故謹於聽治，富強之法也。明其法禁，察其謀計。法明，則內無變亂之患；計得，則外無死虜之禍。（〈八說〉）

母之愛子也倍父，父令之行於子者十母。吏之於民無愛，令之行於民也萬父。母積愛而令窮，吏用威嚴而民聽從，嚴愛之筴，亦可決矣。……故母厚愛處，子多敗，推愛也；父薄愛教笞，子多善，用嚴也。（〈六反〉）

法具最高之效率，故其於臣民之制裁，亦為絕對性之強制，若勢不足以化，雖賢智亦在排除之列：

賞之，譽之，不勸；罰之，毀之，不畏；四者加焉不變，則除之。（〈外儲說右上〉）

若夫許由、續牙、晉伯陽、秦顛頡、衛僑如、狐不稽、重明、董不識、卞隨、務光、伯夷、叔齊——此十二人者，皆上見利不喜，下臨難不恐，或與之天下而不取，有萃辱之名，則不樂食穀之利。……有民如此，先古聖王皆不能臣，當今之世將安用之？（〈說疑〉）

太公望東封於齊，齊東海上有居士曰狂矞、華士昆弟二人者，立議曰：「吾不臣天子，不友諸侯，耕作而食之，掘井而飲之。吾無求於人也，無上之名，無君之祿，不事仕而事力。」太公望至於營丘，使吏執殺之，以為首誅。周公旦從魯聞之，發急傳而問之，曰：「夫二子、賢者也，今日饗國而殺賢者，何也？」太公望曰：「是昆弟二人立議曰：『吾不臣天子，不友諸侯，耕作而食之，掘井而飲之，吾無求於人也，無上之名，無君之祿，不事仕而事力。』彼不臣天子者，是望不得而臣也；不友諸侯者，是望不得而使也；耕作而食之，掘井而飲之，無求於人者，是望不得以賞罰勸禁也。且無上名，雖知不為望用；不仰君祿，雖知不為望功。不仕則不治，不任則不忠。且先王之所以使其

臣民者，非爵祿則刑罰也。今四者不足以使之，則望當誰爲君乎？不服兵革而顯，不親耕耨而名，又非所以教於國也。今有馬於此，如驥之狀者，天下之至良也。然而驅之不前，卻之不止，左之不左，右之不右，則臧獲雖賤，不託其足。臧獲之所願託其足於驥者，以驥之可以追利辟害也。今不爲人用，臧獲雖賤，不託其足焉。己自謂以爲世之賢士，而不爲主用，行極賢而不用於君，此非明主之所臣也，亦驥之不可左右矣，是以誅之。」（〈外儲說右上〉）

由此可知，賢智之士，若不爲明主所用，賞罰勸禁無效，雖不犯過觸刑，亦誅除之，蓋在法之強制力下，不容有任何例外耳。

六、崇法抑人

人治與法治，乃儒、法之大別。

儒家偏重人治，認爲「爲政在人」（《中庸・哀公問政》章），主張以人爲表率，上行下效，風行草偃，以收治功。故鼓吹賢智仁聖之君執政，重德循禮，其最高理想，即爲堯、舜之治。其言曰：

唯仁者宜在高位。（《孟子・離婁下》）

君仁莫不仁，君義莫不義，君正莫不正。一正君，則國定矣。（《孟子・離婁上》）

政者，正也。子帥以正，孰敢不正？（《論語・顏淵》）

其身正，不令而行；其身不正，雖令不從。（《論語・子路》）

君子……脩己以敬。…脩己以安人，……脩己以安百姓。（《論語・憲問》）

子欲善，而民善矣。君子之德，風也；小人之德，草也。草上之風，必偃。（《論語・顏淵》）

上好禮，則民莫敢不敬；上好義，則民莫敢不服；上好信，則民莫敢不用情。（《論語・子路》）

上老老，而民興孝；上長長，而民興弟；上恤孤，而民不倍。（《大學》）

能以禮讓爲國乎，何有！不能以禮讓爲國，如禮何！（《論語・里仁》）

爲政以禮。禮者，政之本也。（《中庸》）

治國不以禮，猶無耜以耕。(《禮記・禮運》)

爲政以德，譬如北辰，居其所而眾星拱之。(《論語・爲政》)

道之以政，齊之以刑，民免而無恥；道之以德，齊之以禮，有恥且格。(《論語・爲政》)

孟、荀二子晚出，爲維護儒道，進而詆斥法治：

徒善不足以爲政，徒法不能以自行。(《孟子・離婁上》)

君子者，法之原也。(《荀子・君道》)

君子者，道德之總要也，得之則治，失之則亂。故有良法而亂者，有之矣；有君子而亂者，自古及今，未嘗聞也。(《荀子・王制》)

有亂君，無亂國。有治人，無治法。羿之法非亡也，而羿不世中；禹之法猶存，而夏不世王。故法不能獨立，類不能自行。得其人則存，失其人則亡。(《荀子・君道》)

綜上以觀，儒家倡人治、禮治、重仁義道德，以爲有賢智之君，方足以爲治；否則徒恃良法，不得其人，仍不免於亂亡。無論孟法先王或荀法後王，要皆爲人本政治之強調耳。

法家則反是。確認法治爲貴，欲尊君尚法，故詆毀人治，菲薄仁義，不遺餘力。依韓非之說，其崇法抑人之理由，約有下列數端：

一曰、仁義不足用

人性自利，專趨利避害，或損人利己，故仁義不足用，惟嚴刑峻法，始可因應制宜。國家尚力，仁義無以圖治，惟尚法務實，始可謀國富兵強。此皆基於韓非之哲學思想而得者，詳見第二章。

二曰、賢智不易求

儒家論政，須得賢智而後爲治。然賢者不易得，待賢而治，猶待越之善游者以救中國之溺人，必不濟矣。韓非云：

堯、舜、桀、紂，千世而一出，是比肩隨踵而生也。……今廢勢背法，而待堯、舜，堯、舜至乃治，是千世亂而一治也。抱法處勢而待桀、紂，桀、紂至乃亂，是千世治而一亂也。……無慶賞之勸，刑罰之威，釋勢委法，堯、舜戶說而人辯之，不能治三家。夫勢之足用亦明矣。而曰「必待賢，」則亦不然矣。(〈難勢〉)

賢者無必得之券，待賢爲治，則國無必治之符，未若法治之穩當可行矣。詳本章任勢節。

三曰、人治難爲準

荀子〈王制篇〉云：「法而議，⋯⋯。萬事無過。⋯⋯其有法者以法行，無法者以類舉。」儒家行達變之旨，倡法而議之說，情理與法並重，甚而超逾法之上。由韓非視之，此不過純任智巧，漫無準的，實難推行，未若法術之萬不失。《韓子》書中，屢言智巧之不可用，及行法之必要：

> 釋法術而任心治，堯不能正一國。去規矩而妄意度，奚仲不能成一輪。廢尺寸而差短長，王爾不能半中。使中主守法術，拙匠執規矩尺寸，則萬不失矣。君人者能去賢巧之所不能，守中拙之所萬不失，則人力盡而功名立。（〈用人〉）

> 道法萬全，智能多失。夫懸衡而知平，設規而知圓，萬全之道也。明主使民飾於法，知道之故，故佚而有功。釋規而任巧，釋法而任智，惑亂之道也。亂主使民飾於智，不知道之故，故勞而無功。（〈飾邪〉）

> 聖人之道，去智與巧，智巧不去，難以爲常。（〈揚搉〉）

> 明主之道，一法而不求智，固術而不慕信，故法不敗而群官無姦詐矣。（〈五蠹〉）

> 盡思慮，揣得失，智者之所難也；無思無慮，挈前言而責後功，愚者之所易也。明主操愚者之所易，不責智者之所難，故智慮不用而國治也。（〈八說〉）

抑有進者，韓非以爲人之智慮有涯，以一人之力，實難勝一國之事；加以選賢任智，不中繩墨，其論事功，皆未能參驗詳實，「誅賞予奪從君心出」（《慎子》佚文），不過「選其心之所謂賢者」（〈難三〉）耳：

> 以一人之力，禁一國者，少能勝之。（〈難二〉）

> 仲尼曰：「⋯⋯魯哀公有大臣三人，外障距諸侯四鄰之士，內比周而以愚其君，使宗廟不掃除，社稷不血食者，必是三臣也，故曰政在選賢。⋯⋯」或曰：仲尼之對，亡國之言也。⋯⋯公有臣外障距，內比周，以愚其君，而說之以選賢，此非功伐之論也，選其心之所謂賢者也。使哀公知三子外障距，內比周，則三子不一日立矣。哀公不知選賢，選其心之所謂賢，故三子得任事。燕子噲賢子之而非

孫卿，故身死爲僇。夫差智太宰嚭而愚子胥，故滅於越。魯君不必
知賢，而說以選賢，是哀公有夫差、燕噲之患也。(〈難三〉)

此外，人治即德治，乃恃人之「爲吾善」、「不我欺」、「不我叛」。然人性自利，
欲求如吾望者蓋寡，韓非以爲施政之對象，既非盡善可恃之人，法治實較德
治有效：

聖人之治國，不恃人之爲吾善也，而用其不得爲非也。恃人之爲吾
善也，境內不什數；用人之不得爲非，一國可使齊。爲治者用眾而
舍寡，故不務德而務法。……不恃賞罰，而恃自善之民，明主弗貴
也。何則？國法不可失，而所治非一人也。故有術之君，不隨適然
之善，而行必然之道。(〈顯學〉)

明主者，不恃其不我叛也，恃吾不可叛也。不恃其不我欺也，恃吾
不可欺也。(〈外儲說左下〉)

人主離法失人，則免於伯夷不妄取，而不免於田成、盜跖之禍也。
今天下無一伯夷，而姦人不絕世。故立法度量。度量信則伯夷不失
是，而盜跖不得非。法分明，則賢不得奪不肖，強不得侵弱，眾不
得暴寡。(〈守道〉)

於是韓非進而明揭「不任人」、「不尚賢」、「遠仁義」之旨：

夫治法之至明者，任數不任人。(〈制分〉)

今夫上賢、任智、無常，逆道也，而天下常以爲治。是故田氏奪呂
氏於齊，戴氏奪子氏於宋。此皆賢且智也，豈愚且不肖乎？是廢常
上賢則亂，舍法任智則危。故曰：「上法不上賢。」(〈忠孝〉)

有道之主，遠仁義，去智能，服之以法。是以譽廣而名威，民治而
國安，知用民之法也。(〈說疑〉)

綜上而觀，則明於韓非崇法抑人之由，而法治之遠勝人治，亦昭然若揭矣。
茲再援引尹文子聖法無不治之言，以足成此文，並爲結論：

田子（田駢）讀書，曰：「堯時太平。」宋子（宋鈃）曰：「聖人之治
以致此乎！」彭蒙在側，越次而答曰：「聖法之治以致此，非聖人之
治也。」宋子曰：「聖人與聖法何以異？」彭蒙曰：「子之亂名甚矣！
聖人者，自己出也；聖法者，自理出也。理出於己，己非理也。己能
出理，理非己也。故聖人之治，獨治者也；聖法之治，則無不治矣。」

第三節　用　術

一、法、術大別

法與術，原屬相對之詞，一爲公開之法則，乃臣民所奉行；一爲私秘之權謀，實君主所獨擅。韓非釋兩者之差異云：

> 術也者，主之所以執也；法也者，官之所以師也。(〈說疑〉)

> 術者、因任而授官，循名而責實，操殺生之柄，課群臣之能者也：此人主之所執也。法者、憲令著於官府，賞罰必於民心，賞存乎愼法，而罰加乎姦令者也：此人臣之所師也。(〈定法〉)

> 法者、編著之圖籍，設之於官府，而布之於百姓者也。術者、藏之於胸中，以偶眾端，而潛御群臣者也。故法莫如顯，而術不欲見(現)。(〈難三〉)

綜上而觀，法與術相異之點有三：

> 一曰法之對象爲一般臣民，術專爲臣而設。

> 二曰法爲臣民所共守，術則爲君主所獨用。

> 三曰法爲公布周知之律文，術則中心暗運之機智。

而申不害言術，商鞅爲法，韓非則欲人君兼而用之，以爲法、術猶衣、食之於人，不可偏廢，必須並行不悖，相輔相成：

> 君無術，則弊於上；臣無法，則亂於下。此不可一無，皆帝王之具也。問者曰：「徒術而無法，徒法而無術，其不可何哉？」對曰：「申不害、韓昭侯之佐也。韓者、晉之別國也。晉之故法未息，而韓之新法又生；先君之令未收，而後君之令又下。申不害不擅其法，不一其憲令，則姦多。故利在故法前令，則道之；利在新法後令，則道之。新故相反，前後相悖，則申不害雖十使昭侯用術，而姦臣猶有所譎其辭矣。故託萬乘之勁韓，十七年而不至於霸王者，雖用術於上，法不勤飾於官之患也。公孫鞅之治秦也，設告坐而責其實，連什伍而同其罪，賞厚而信，刑重而必。是以其民用力勞而不休，逐敵危而不卻，故其國富而兵強。然而無術以知姦，則以其富強也資人臣而已矣。及孝公、商君死，惠王即位，秦法未敗也，而張儀以秦殉韓、魏。惠王死，武王即位，甘茂以秦殉周。武王死，昭襄

王即位，穰侯越韓、魏而東攻齊，五年而秦不益一尺之地，乃成其陶邑之封。應侯攻韓八年，成其汝南之封。自是以來，諸用秦者，皆應、穰之類也。故戰勝則大臣尊，益地則私封立，主無術以知姦也。商君雖十飾其法，人臣反用其資。故乘強秦之資，數十年而不至於帝王者，法雖勤飾於官，主無術於上之患也。」（〈定法〉）

韓非書中，每每法、術並舉：

操法、術之數，行重罰嚴誅，則可以致霸王之功。（〈姦劫弒臣〉）

明主之道，一法而不求智，固術而不慕信。（〈五蠹〉）

釋法、術而任心治，堯不能正一國。（〈心度〉）

辭辯而不法，心智而無術，主多能，而不以法度從事者，可亡也。（〈亡徵〉）

萬乘之主，有能服術行法，以爲亡徵之君風雨者，其兼天下不難矣。（〈亡徵〉）

立法、術，設度數。（〈問田〉）

人主之大物，非法則術也。（〈難三〉）

今人主之於法、術也，未必和璧之急也，……主用術，則大臣不得擅斷，近習不敢賣重；官行法，則浮萌趨於耕農，而游士危於戰陳。（〈和氏〉）

知術之士明察，聽用，且燭重人之陰情。能法之士勁直，聽用，且矯重人之姦行。故知術能法之士用，則貴重之臣，必在繩之外矣。……法術之士，欲干上者，……又將以法、術之言，矯人主阿辟之心……（〈孤憤〉）

總之，法、術雖不相屬，然韓非集法家之大成，欲人主兼用並施，故常法、術並舉，而自成其政治思想體系也。

二、術之特質

前輩法家各有所重，慎子言勢，商君爲法，申子言術，韓非集其大成，以爲人主不獨擅勢行法，又須用術，勢藉術而強固，法因術而奉行。《韓非子·外儲說右下》云：「明主治吏不治民。」蓋官以法治民，君以術馭臣。韓非之

術論，消極欲「潛御群臣」(〈難三〉)，察姦止亂；積極則欲「課群臣之能」(〈定法〉)，以增進行政功效。

韓非言人性自利，君臣各以計數出，「上下一日百戰」(〈揚榷〉)，君之權位，臣所覬覦，爲察姦防亂，確保勢位，人主不得不用術：

> 國者、君之車也，勢者、君之馬也。無術以御之，身雖勞，猶不免亂；有術以御之，身處佚樂之地，又致帝王之功也。(〈外儲說右下〉)

> 有術而御之，身坐廟堂之上，有處女子之色，無害於治；無術而御之，身雖瘁臞，猶未有益。(〈外儲說左上〉)

法、勢、術三者，須配合運用，韓非主張君獨擅勢，「權勢不可以借人」(〈內儲說下〉)，「賞罰下共則威分」(〈八經〉)。術之運用，韓非明言：「術也者，主之所以執也。」(〈說疑〉)須爲專制之君獨擅，人臣行私術，乃韓非所亟斥者：

> 治國是非，不以術斷而決於寵人，則臣下輕君而重於寵人矣。人主不親觀聽，而制斷在下，託食於國者也。(〈八說〉)

> 明主之道，在申子之勸獨斷也。……申子曰：「獨視者謂明，獨聽者謂聰，能獨斷者，故可以爲天下主。」(〈外儲說右上〉)

> 古者世治之民，奉公法，廢私術，專意一行，具以待任。(〈有度〉)

> 故官之失能者，其國亂。以譽爲賞，以毀爲罰也，則好賞惡罰之人，釋公行，行私術，比周以相爲也。忘主外交，以進其與，則其下所以爲上者薄矣。交眾與多，外內朋黨，雖有大過，其蔽多矣。(〈有度〉)

而術之性質，乃暗運於胸中，深藏不露，譎詭多端者。熊十力先生云：

> 韓非之書，千言萬語，壹歸於任術而嚴法。雖法、術兼持，而究以術爲先。術之神變無窮也，揭其宗要，則「術不欲見」一語盡之矣。
> 〈說疑篇〉曰：「凡術也者，主之所以執也。」此一執字，甚吃緊。執有執持、執藏二義，藏之深，納須彌於芥子，納萬眾視聽於劇場之一幕，天下莫逃於其所藏之外，亦眩且困於其所藏之內，而無可自擇自動也，是謂執藏。持之堅，可以萬變而不離其宗；持之妙，有宗而不妨百變，是謂執持。不了執義，則不知韓非所謂術也。(見胡拙甫《韓非子評論》，《學原》三卷第一期)

其釋韓子之術，可謂剴切詳實。韓非子亦曾明言：

> 術不欲見，……用術，則親愛近習，莫之得聞也。(〈難三〉)

明主之行制也天，其用人（《校釋》疑爲用術之誤）也鬼。天則不非，
鬼則不因。（〈八經〉）

蓋術變化無窮，隱密難知，其爲用亦大矣哉！韓非書中，固以尚法爲重心，
而論術之言獨多。〈八經〉及〈內外儲說〉六篇，純爲術論；其他各篇言術之
處，亦復不少。茲舉要析論於後。

三、術主無爲

　　韓非論術，以「無爲」爲總綱，取道家之陰智，運爲術治之最高原則。
其所謂「無爲」，乃人君秉權立威之手段，與老氏之意迥別。近人趙海金氏云：

韓非以「無爲」爲術，道家則以「無爲」爲治道之本體，故名雖同
而實異。析言之：一曰所循之途徑不同。老子曰：「損之又損，以至
於無爲。」又曰：「我無爲而民自化。」則以放任致無爲。韓非乃以
威脅致無爲，故曰：「明君無爲於上，群臣竦懼乎下。」（〈主道篇〉）
二曰所懸之鵠的不同。韓非欲以無爲爲術，鞏固君權，使「有功，
則君有其賢，有過，則臣任其罪。」（〈主道篇〉）而老子無爲之治，
則在縮減政府之職權至最小限度，擴張人民自由至最大限度，以實
現「小國寡民」之理想社會。故二者所循之途徑不同，而鵠的各殊，
不可相提並論。（《韓非子研究》）

韓非力倡人君「無爲」，其理由可約爲下列數端：

其一、君主守法責成，使臣各用其能

　　韓非以爲君主總攬政權，但須虛靜以待，督責群臣，因能而任使，不必
事事躬親，即可任法而爲治，所謂「鼓不預五音，而爲五音主」（〈老子〉）者
是也。其言曰：

人主者，守法責成以立功者也。聞有吏雖亂而有獨善之民，不聞有
民亂而有獨治之吏，故明主治吏不治民。（〈外儲說右下〉）

有智而不以慮，使萬物知其處；有賢而不以行，觀臣之下所因；有
勇而不以怒，使群臣盡其武。是故去智而有明，去賢而有功，去勇
而有強。群臣守職，百官有常，因能而使之，是謂習常。（〈主道〉）

權不欲見，素無爲也。事在四方，要在中央。聖人執要，四方來效；
虛而待之，彼自以之。……夫物者有所宜，材者有所施，各處其宜，

故上乃無爲。使雞司夜，令狐執鼠，皆用其能，上乃無事。(〈揚搉〉)

其二、君主智不盡物，使臣分層負責

國事繁多，人之智有涯，力有窮，君主日理萬機，若躬親庶務，勢所難能，而其功效亦不大。必須任法無爲，使臣下分層負責，效用始宏：

以身爲苦而後化民者，堯、舜之所難也。處勢而矯下者，庸主之所易也。(〈難一〉)

夫爲人主而身察百官，則日不足，力不給。……故舍己能而因法數。(〈有度〉)

力不敵眾，智不盡物，與其用一人，不如用一國。(〈八經〉)

夫物眾而智寡，寡不勝眾，故因物以治物。下眾而上寡，寡不勝眾，故因人以知人。(〈難三〉)

救火者，令吏絜壺甕而走火，則一人之用也；操鞭箠而趣使人，則制萬夫。是以聖人不親細民，明主不躬小事。(〈外儲說右下〉)

田嬰相齊，人有說王者曰：「終歲之計，王不一以數日之間自聽之，則無以知吏之姦邪得失也。」王曰：「善。」田嬰聞之，即遽請於王而聽其計，王將聽之矣。田嬰令官具押券斗石參升之計，王自聽計，計不勝聽，罷食後復坐，不復暮食矣。田嬰復謂曰：「群臣所終歲日夜不敢偷息之事也，王以一夕聽之，則群臣有爲勸勉矣。」王曰：「諾。」俄而王已睡矣，吏盡揄刀削其押券升石之計。王自聽之，亂乃始生。(〈外儲說左上〉，各舊本在〈外儲說右下〉)

鄭子產晨出，過東匠之閭，聞婦人之哭，撫其御之手而聽之，有間，遣吏執而問之，則手絞其夫者也。異日，其御問曰：「夫子何以知之？」子產曰：「其聲懼。凡人於其親愛也，始病而憂，臨死而懼，已死而哀。今哭已死，不哀而懼，是以知其有姦也。」或曰：「子產之治不亦多事乎？姦必待耳目之所及而後知之，則鄭國之得姦者寡矣。不任典成之吏，不察參伍之政，不明度量，恃盡聰明，勞智慮，而以知姦，不亦無術乎？……因物以治物。……因人以知人。……是以形體不勞而事治，智慮不用而姦得。故宋人語曰：「一雀過羿，羿必得之，則羿誣矣。以天下爲之羅，則羿不失矣。」夫知姦亦有大羅，不失其一而已矣。不修其羅，而以己之胸察爲之弓矢，則子產誣矣。

老子曰：「以智治國，國之賊也，」其子產之謂矣。（〈難三〉）

歷山之農者侵畔，舜往耕焉，期年甽畝正。河濱之漁者爭坻，舜往漁矣，期年而讓長。東夷之陶者器苦窳，舜往陶焉，期年而器牢。……舜救敗，期年已一過，三年已三過，舜壽有盡，天下過無已者，以有盡逐無已，所止者寡矣。賞罰使天下必行之，……令朝至暮變，暮至朝變，十日而海內畢矣，奚待期年？舜猶不以此說堯令從己，乃躬親，不亦無術乎？（〈難一〉）

夫物有常容，因乘以導之。因隨物之容，故靜則建乎德，動則順乎道。宋人有為其君以象為楮葉者，三年而成，豐殺莖柯，毫芒繁澤，亂之楮葉之中，而不可別也。此人遂以巧食祿於宋邦。列子聞之曰：「使天地三年而成一葉，則物之有葉者寡矣。」……。故冬耕之稼，后稷不能美也；豐年大禾，臧獲不能惡也。以一人力，則后稷不足，隨自然，則臧獲有餘。（〈喻老〉）

夫必恃人主之自躬親而後民聽從，是則將令人主耕以為食，服戰雁行也，民乃肯耕戰，則人主不泰危乎？而人臣不泰安乎？（〈外儲說左上〉）

其三、君主安享成名，使臣竭智勞慮

君主因材器使，可使臣盡智任勞，而人主獨享其成。其言曰：

明君之道，使智者盡其慮，而君因以斷事，故君不窮於智；賢者效其材，君因而任之，故君不窮於能；有功則君有其賢，有過則臣任其罪，故君不窮於名。是故不賢而為賢者師，不智而為智者正。臣有其勞，君有其成功，此之謂賢主之經也。（〈主道〉）

揣中則私勞，不中則任過。下君、盡己之能，中君、盡人之力，上君、盡人之智。是以事至而結智，一聽而公會。……結智者事發而驗，結能者功見而論。成敗有徵，賞罰隨之。事成，則君收其功；規敗，則臣任其罪。（〈八經〉）

其四、君主掩情匿端，使臣無從窺伺

人臣窺覘君心，無須臾休，故其主掩匿其好惡，則群臣無所因襲：

上用目，則下飾觀；上用耳，則下飾聲；上用慮，則下繁辭。（〈有度〉）

人主者、利害之招轂也；射者眾，故人主共矣。是以好惡見（現），
則下有因，而人主惑矣；辭言通，則臣難言，而主不神矣。（〈外儲
說右上〉）

君無見其所欲，君見其所欲，臣將自雕琢；君無見其意，君見其意，
臣將自表異。故曰：「去好去惡，臣乃見素；去舊去智，臣乃自備。」
（〈主道〉）

函掩其跡，匿其端，下不能原。去其智，絕其能，下不能意。保吾
所以往而稽同之，謹執其柄而固握之。絕其望，破其意，毋使人欲
之。（〈主道〉）

君見惡，則群臣匿端；君見好，則群臣誣能。人主欲見，則群臣之
情態得其資矣。故子之，託於賢以奪其君者也；豎刁、易牙，因君
之欲以侵其君者也。其辛，子噲以亂死，桓公蟲流出戶而不葬。此
其故何也？人君以情借臣之患也。……故曰：「去好去惡，群臣見素。」
群臣見素，則人君不蔽矣。（〈二柄〉）

君先見所賞，則臣鬻之以爲德；君先見所罰，則臣鬻之以爲威。故
曰：「國之利器，不可以示人。」（〈內儲說下〉）

明主，其務在周密。是以喜見則德償，怒見則威分。故明主之言，
隔塞而不通，周密而不見。（〈八經〉）

凡姦臣，則欲順人主之心，以取信幸之勢者也。是以主有所善，臣
從而譽之；主有所憎，臣因而毀之。（〈姦劫弒臣〉）

明君不懸怒，懸怒則臣懼罪，輕舉以行計，則人主危。故靈臺之飲，
衛侯怒而不誅，故褚師作難。食黿之羹，鄭君怒而不誅，故子公弒
君。（〈難四〉）

申子曰：「上明見，人備之；其不明見，人惑之。其知見，人飾之；
不知見，人匿之。其無欲見，人司之；其有欲見，人餌之。故曰：
吾無從知之，惟無爲可以規之。」（〈外儲說右上〉）

申子曰：「慎而（爾）言也，人且和女（汝）；慎而行也，人且隨女；
而有知見也，人且匿女；而無知見也，人且意女。女有知也，人且藏
女；女無知也，人且行女。故曰：惟無爲可以規之。」（〈外儲說右上〉）

齊宣王問弋於唐易子，曰：「弋者奚貴？」唐易子曰：「在於謹廩。」
王曰：「何謂謹廩？」對曰：「鳥以數十目視人，人以二目視鳥，奈
何其不謹廩也？故曰：『在於謹廩也。』」王曰：「然則爲天下何以異
此廩？今人主以二目視一國，一國以萬目視人主，將何以自爲廩
乎？」對曰：「鄭長者有言曰：『夫虛無無爲而無見也。』其可以爲
此廩乎！」（〈外儲說右上〉）

吳章謂韓宣王曰：「人主不可佯愛人，一日不可復憎；不可以佯憎人，
一日不可復愛也。故佯愛佯憎之徵見，則諛者因資而毀譽之，雖有
明主不能復收，而況於以誠借人也！」（〈外儲說右下〉）

不慎其事，不掩其情，賊乃將生。弒其主，代其所。（〈主道〉）

上有所長，事乃不方；矜而好能，下之所欺；辯惠好生，下因其材。
上下易用，國故不治。（〈揚摧〉）

要之，韓非以爲人主虛靜無爲，既可掩匿情端，杜防弒代之禍；又能守法責
成，增進行政效率。無爲之極，乃使天下爲己視聽，不待口教目索，而天下
可治：

明主者，使天下不得不爲己視，使天下不得不爲己聽。故身在深宮
之中，而明照四海之內。（〈姦劫弒臣〉）

故設利害之道，以示天下而已矣。夫是以人主雖不口教百官，不目
索姦衺，而國已治矣。（〈姦劫弒臣〉）

韓非取道家「虛靜無爲」之說，運爲君術，欲人君謹言愼行，以靜制動，是
君無爲而責成臣下有爲者也。

四、循名責實

　　韓非重「形名」，審「參驗」。「形名」亦作「刑名」，又作「名實」。「審
合形名」，勢必「行參揆伍」，故韓非形名與參伍二術，每相提並論。所謂「循
名責實」、「綜覈名實」、「形名參同」、「審合形名」等皆是。韓非言形名，猶
假設之必求論證也，其意謂人主督其群臣，考察政績，必使言行相合，名實
相符。以言爲名，則事爲形，事必求其與言相合；以法爲名，則行爲形，行
爲必求其合於法；以賞爲名，則功爲形；以罰爲名，則罪爲形，罰必當其罪；
以官位爲名，則職務爲形，職務必求與官位相合。韓非云：

有言者自爲名，有事者自爲形，形名參同，君乃無事焉。(〈主道〉)

故群臣陳其言，君以其言授其事，以其事責其功。功當其事，事當其言，則賞；功不當其事，事不當其言，則誅。明君之道，臣不得越官而有功，不得陳言而不當。(〈主道〉)

君操其名，臣效其形，形名參同，上下和調。(〈揚摧〉)

人主將欲禁姦，則審合形名。形名者，言與事也。爲人臣者陳而言，君以其言授之事，專以其事責其功。功當其事，事當其言，則賞。功不當其事，事不當其言，則罰。故群臣其言大而功小者，則罰。非罰小功也，罰功不當名也。群臣其言小而功大者，亦罰。非不說於大功也，以爲不當名之害甚於有大功，故罰。(〈二柄〉)

人主雖使人，必以度量準之，以形名參之，事遇於法則行，不遇於法則止；功當其言則賞，不當則誅。以形名收臣，以度量準下，此不可釋也。(〈難二〉)

據法直言，名形相當，循繩墨，誅姦人，所以爲上治也。(〈詭使〉)

大不可量，深不可測，同合形名，審驗法式，擅爲者誅，國乃無賊。(〈主道〉)

韓非形名之術，實眾術之基，而歸本於無爲。言人君虛靜以待，參同形名，使符契相合，則臣下自效其情：

用一之道，以名爲首。名正物定，名倚物徙。故聖人執一以靜，使名自命，令事自定。不見其采，下故素正。因而任之，使自事之。因而予之，彼將自舉之。正與處之，使皆自定之。上以名舉之，不知其名，復修其形。形名參同，用其所生。二者誠信，下乃貢情。(〈揚摧〉)

故虛靜以待令，令名自命也，令事自定也。虛則知實之情，靜則知動者正。……人主之道，靜退以爲寶。不自操事，而知拙與巧；不自計慮，而知福與咎。是以不言而善應，不約而善會。言已應，則執其契；事已會，則操其符。符契之所合，賞罰之所生也。(〈主道〉)

人君無爲於上，以形名考核臣情，又必以賞罰爲後盾。韓非以爲言事不符，名形不當，則誅罰；功當其事，事當其言，則加賞。所謂「以度量準之」、「循繩墨」、「審驗法式」，皆此意也。蓋形名之驗合，不以賞罰隨之，則徒具空文，紙上談兵，毫無功效。其論形名，又至爲精密，言小功大固不可，言大功小

亦非善，悉加以罰，可謂嚴格矣，《韓子》形名術之精義，於此可見。

韓非循名責實之理論，除形名術之外，尚有參伍術，二者密切不可分。確信欲以「形」證合「名」，必多方咨詢意見，是即「行參」；亦必多方考察情偽，是為「揆伍」。行參揆伍而後形名得，考覈形名而後參伍必。韓非主張因參驗，循名實，以為參伍之道，必多方考察，天、地、人、物皆得相符；又使百吏決誠以參，貴賤相議，因參驗以任人，準功過而為賞罰，則左右近習之臣，盡力竭智，不敢以虛言惑主；百官之吏，清廉方正，不敢以貪饕漁下。果爾，則管仲、商鞅之功可致：

> 循名實而定是非，因參驗而審言辭。是以左右近習之臣，知詐偽之不可以得安也，必曰：「我不去姦私之行，盡力竭智以事主，而乃以相與比周，妄毀譽以求安，是猶負千鈞之重，陷於不測之淵而求生也，必不幾矣。」百官之吏，亦知為姦利之不可以得安也，必曰：「我不以清廉方正奉法，乃以貪污之心，枉法以取私利，是猶上高陵之顛，墮峻谿之下而求生也，必不幾矣。」安危之道，若此其明也，左右安能以虛言惑主，而百官安敢以貪漁下？是以臣得陳其忠而不蔽，下得守其職而不怨。此管仲之所以治齊，而商君之所以強秦也。（〈姦劫弒臣〉）

> 其位至而任大者，以三節持之：曰「質，」曰「鎮，」曰「固。」親戚妻子，質也；爵祿厚而必，鎮也；參伍責怒，固也。賢者止於質，貪饕化於鎮，姦邪窮於固。（〈八經〉）

> 言會眾端，必揆之以地，謀之以天，驗之以物，參之以人，——四徵者符，乃可以觀矣。（〈八經〉）

> 明君之道，賤得議貴，下必坐上，決誠以參，聽無門戶，故智者不得詐欺。計功而行賞，程能而授事，察端而觀失，有過者罪，有能者得，故愚者不得任事。智者不敢欺，愚者不得斷，則事無失矣。（〈八說〉）

人主以參伍之術督責群臣，使臣言必有實，不言必有取捨，言默皆有責。如此，群吏不敢怠慢瀆職，行政效率必高。至若參伍之術不用，則人主失其準則，為左右近習所蒙蔽；於是官非能者，吏多愚污，姦邪之臣得進，法術之士退罷，主卑國弱，亂亡而後已：

> 主道者，使人臣必有言之責，又有不言之責。言無端末，辯無所驗者，

此言之責也。以不言避責，持重位者，此不言之責也。人主使人臣言者，必知其端末，以責其實；不言者，必問其取舍，以爲之責，則人臣莫敢妄言矣，又不敢默然矣。言默、則皆有責也。(〈南面〉)

人臣之欲得官者，其修士且以精潔固身，其智士且以治辯進業，不能以貨賂事人；恃其精潔治辯，而更不能以枉法爲治，則修、智之士，不事左右，不聽請謁矣。人主之左右，行非伯夷也，求索不得，貨賂不至，則精辯之功息，而毀誣之言起矣。治辯之功制於近習，精潔之行決於毀譽，則修、智之吏廢，而人主之明塞矣。不以功伐決智行，不以參伍審罪過，而聽左右近習之言，則無能之士在廷，而愚污之吏處官矣。(〈孤憤〉)

今人主不合參驗而行誅，不待見功而爵祿，故法術之士安能蒙死亡而進其說，姦邪之臣安肯棄利而退其身？故主上愈卑，私門益尊。(〈孤憤〉)

而韓非循名責實，一歸於無爲，人君行參伍，亦貴在函跡匿端，去智絕能：

道在不可見，用在不可知。虛靜無事，以闇見疵。見而不見，聞而不聞，知而不知。知其言以往，勿變勿更，以參合閱焉。官置一人，勿令通言，則萬物皆盡。函其跡，匿其端，下不能原。去其智，絕其能，下不能意。保吾所以往而稽同之，謹執其柄而固握之。絕其望，破其意，毋使人欲之。……大不可量，深不可測，同合形名，審驗法式，擅爲者誅，國乃無賊。(〈主道〉)

至於參伍術之運用，以〈八經〉篇所言最爲具體而翔實：

參伍之道，行參以謀多，揆伍以責失。行參必折，揆伍必怒。不折則瀆上，不怒則相和。折之微，足以知多寡；怒之前，不及其眾。觀聽之勢，其徵在罰比周而賞異，誅毋謁而罪同。言會眾端，必揆之以地，謀之以天，驗之以物，參之以人，——四徵者符，乃可以觀矣。參言以知其誠，易視以改其澤，執見以得非常，一用以務近習，重言以懼遠使，舉往以悉其前，即邇以知其內，疏置以知其外，握明以問所闇，詭使以絕黷泄，倒言以嘗所疑，論反以得陰姦，設諫以綱獨爲，舉錯以觀姦動，明說以誘避過，卑適以觀直諂，宣聞以通未見，作闘以散朋黨，深一以警眾心，泄異以易其慮，似類則合其參，陳過則明其固，知罪辟罪以止威，陰使時循以省衰，漸更

以離通比，下約以侵其上。相室約其廷臣，廷臣約其官屬，軍吏約
其兵士，遣使約其行介，縣令約其辟吏，郎中約其左右，后姬約其
宮媛，此之謂條達之道。（〈八經‧立道〉。）

其論參伍之道，可約為數則：

（一）參伍必須綜合眾事，作客觀之判斷。

（二）為得臣下之情實，不惜用陰謀詐術。〈內儲說〉所言，諸如：「挾
知而問」、「疑詔詭使」、「倒言反事」、「明察似類」、「深知一物、
眾隱皆變」等，悉可為本文註腳。

（三）使群臣專任不兼職，以一知萬，由近知遠，洞察姦情，嚴加賞罰。

（四）獎勵告姦，使官吏貴賤相議，互為伺察，並密報陰私。

　　所言客觀參驗，頗富科學求真之精神，而主秘術察姦，至於不擇手段，
時礙法治，是其缺失。

　　韓非為強調形名參伍之必要，於〈外儲說左上篇〉，多設寓言以足己論。
謂不能循名責實，故宋人有棘猴之詐，鄭人有年壽之爭，兒說有白馬之賦。
鬼魅易繪而犬馬難為。虞慶言屋，言之成理，然而屋壞；范且論弓，亦言之
成理，然而弓折。即大聖如孔子，亦不免有失實之聲，皆未能使形名相符也。
〈顯學篇〉云：

澹臺子羽，君子之容也，仲尼幾而取之，與處久，而行不稱其貌。
宰予之辭，雅而文也，仲尼幾而取之，與處久，而智不充其辯。故
孔子曰：「以容取人乎？失之子羽；以言取人乎？失之宰予。」故以
仲尼之智，而有失實之聲。今之新辯，濫乎宰予；而世主之聽，眩
乎仲尼。為悅其言，因任其身，則焉得無失乎！

總之，韓非用術，以無為為本；諸術之運用，又以形名參伍為首要。人主用
是以督責群臣，考察政績。其施行之道，要在任法而行，準乎功罪，偶又施
以巧詐，權用陰謀也。

五、聽言之術

　　一國之君，權重位高，臣下既窺伺君心，各懷私計，其陳言每多巧詐虛
飾；人君聽言，必當慎細，否則易為所蔽，故聽言之術不可不講。

　　韓非之聽言術，蓋以無為為經，參伍為緯。謂人君聽言，必虛靜以待，
保持緘默，不輕置可否；復以參伍之術，審合羣臣之言：

凡聽之道，以其所出，反以爲之入，故審名以定位，明分以辯類。聽言之道，溶若甚醉。脣乎齒乎，吾不爲始乎！齒乎脣乎，愈惛惛乎！彼自離之，吾因以知之。是非輻湊，上不與構。(〈揚榷〉)

無思無慮，挈前言而責後功。(〈八說〉)

韓非聽言之術，可約爲下列三項：

一曰、眾端參觀

君主虛心聽言，使臣自盡，而後參伍乃得其情：

聽不參，則無以責下。(〈八經〉)

是以明主不懷愛而聽，不留說而計。故聽言不參，則權分乎姦；智術不用，則君窮乎臣。(〈八經〉)

明主不舉不參之事，不食非常之食。遠聽而近視，以審內外之失。省同異之言，以知朋黨之分。偶參伍之驗，以責陳言之實，執後以應前，按法以治眾，眾端以參觀。(〈備內〉)

聽其言以往，勿變勿更，以參合閱焉。官置一人，勿令通言，則萬物皆盡。(〈主道〉)

主道者，使人臣前言不復於後，後言不復於前，事雖有功，必伏其罪，謂之任下。(〈南面〉)

明君之道，賤得議貴，下必坐上，決誠以參，聽無門戶，故智者不得詐欺。(〈八說〉)

觀聽不參，則誠不聞；聽有門戶，則臣壅塞。(〈內儲說上〉)

不以眾言參驗，用一人爲門戶者，可亡也。(〈亡徵〉)

二曰、一聽責下

人君於群臣之言，必一一而聽之，並嚴課其能，以免人臣大言無當而濫竽充數：

一聽，則智愚分；責下，則人臣參。(〈內儲說上〉)

是以事至而結智，一聽而公會。聽不一，則後悖於前；後悖於前，則愚智不分。……一聽則無墮竅之累。(〈八經〉)

韓昭侯曰：「吹竽者眾，吾無以知其善者。」田嚴對曰：「一一而聽之。」(〈內儲說上〉)

三曰、務切實用

韓非謂聽言勿美辭辯，必以功用爲的：

> 人主之聽言也，不以功用爲的，則說者多棘刺白馬之說。……言有
> 纖察微難，而非務也。……論有迂深閎大，非用也。（〈外儲說左上〉）

> 人皆寐，則盲者不知；皆嘿，則喑者不知。覺而使之視，問而使之
> 對，則盲、喑者窮矣。不聽其言也，則無術者不知。不任其身也，
> 則不肖者不知。聽其言而求其當，任其事而責其功，則無術、不肖
> 者窮矣。夫欲得力士，而聽其自言，雖庸人與烏獲不可別也；授之
> 以鼎，則罷、健效矣。……言不用，而自文以爲辯；身不任，而自
> 飾以爲高。世主眩其辯，濫其高，而尊貴之，是不須視而定明也，
> 不須對而定辯也，喑、盲者不得矣。明主聽其言必責其用，觀其行
> 必責其功，然則虛舊之學不談，矜誣之行不飾矣。（〈六反〉）

> 聽不參，則無以責下；言不督乎用，則邪說當上。……人主不饜恣
> 而待合參，其勢資下也。有道之主，聽言督其用，課其功；功課，
> 而賞罰生焉。故無用之辯不留朝，……言必有報，說必責用也，故
> 朋黨之言不上聞。（〈八經・參言〉）

> 夫良藥苦於口，而智者勸而飲之，知其入而已已疾也。（《校釋》：而
> 已，能以也；已疾，止疾也。）忠言拂於耳，而明主聽之，知其可
> 以致功也。（〈外儲說左上〉）

> 今世之談也，皆道辯說文辭之言，人主覽其文，而忘其用。（〈外儲
> 說左上〉）

> 今人主聽說，不應之以度，而說其辯；不度之以功，而譽其行，而
> 不入關。此人主所以長欺，而說者所以養也。（〈外儲說左上〉）

> 時主之聽言也，美其辯；其觀行也，賢其遠。故群臣士民之道言者
> 迂弘，其行身也離世。（〈外儲說左上〉）

> 亂世之聽言也，以難知爲察，以博文爲辯。（〈問辯〉）

綜上觀之，人君聽言，必須虛靜以待，兼聽參驗，俾言者得盡其辭，而人君
亦不致爲人所蒙蔽。又韓非主張聽言勿眩於辭辯，必求致用，以爲有常儀，
有實用者，法術之言也，欲使境內之民，言談必止於法。至若仁義惠愛，智
辯繁辭，則無用之言，不聽可也。

六、用人之術

用人行政，爲治亂存亡之所繫，〈八說篇〉云：「任人以事，存亡治亂之機也。」而人君欲「守法責成以立功」（〈外儲說右下〉），勢不能不講究用人之術。韓非於用人術，亦檢論綦詳：

一曰、用舍自主

人君既擅勢術，專賞罰，用人大權不能旁落。人員進退，必操之於己，不可假手於人，以免內爲姦臣所挾制，外爲敵國所廢置。韓非云：

> 廢置之事，生於內則治，生於外則亂。（〈八經〉）

> 敵之所務，在淫察而就靡；人主不察，則敵廢置矣。（〈內儲說下〉）

> 姦臣者，召敵兵以內除，舉外事以眩主；苟成其私利，不顧國患。（〈內儲說下〉）

> 其於諸侯之求索也，法則聽之，不法則距之。所謂亡君者，非莫有其國也，而有之者，皆非己有也。令臣以外爲制於內，則是君人者亡也。（〈八姦〉）

> 太子尊顯，徒屬眾強，多大國之交，而威勢蚤具者，可亡也。……貴人相妬，大臣隆盛，外藉敵國，內困百姓，以攻怨讎，而人主弗誅者，可亡也。（〈亡徵〉）

韓非且舉例以明敵國廢置之害，人君不可不察：

> 叔向之讒萇弘也，爲書曰：「萇弘謂叔向曰：子爲我謂晉君，所與君期者，時可矣，何不亟以兵來？」因佯遺其書周官之庭，而急行去。周以萇弘爲賣周也，乃誅萇弘而殺之。（〈內儲說下〉）

二曰、體制分明

君主用人，必嚴分等級，使體制分明，以免臣下並敵爭事，僭儗作亂。韓非云：

> 參疑之勢，亂之所由生也，明主慎之。（〈內儲說下〉）

> 大臣兩重，父兄眾強，內黨外援，以爭事勢者，可亡也。（〈亡徵〉）

> 彼聖主明君，不適疑物以闚其臣也。見疑物而無反者，天下鮮矣。

> 故曰：孽有擬適之子，配有擬妻之妾，廷有擬相之臣，臣有擬主之寵，此四者國之所危也。故曰：「內寵並后，外寵貳政，枝子配適，

大臣擬主，亂之道也。」故《周記》曰：「無尊妾而卑妻，無孽適子而尊小枝，無尊嬖臣而匹上卿，無尊大臣以擬其主也。」四擬者破，則上無意，下無怪也；四擬不破，則隕身滅國矣。（〈說疑〉）

韓非又舉證以明參疑之害，為有國者戒：

鄭君已立太子矣，而有所愛美女欲以其子為後，夫人恐，因用毒藥賊君殺之。（〈內儲說下〉）

衛州吁重於衛，擬於君，群臣百姓盡畏其勢重，州吁果殺其君，而奪之政。（〈內儲說下〉）

三曰、因材器使

明君量能授官，俾人臣「宜其能，勝其官，輕其任。」（〈用人〉），必可克盡職守，提高行政效率。韓非云：

程能授事，察端而觀失。（〈八說〉）

治國之臣，效功於國以履位，見能於官以受職，盡力於權以任事。人臣皆宜其能，勝其官，輕其任。（〈用人〉）

桓公謂管仲曰：「官少而索者眾，寡人憂之。」管仲曰：「君無聽左右之請，因能而授祿，錄功而與官，則莫敢索官，君何患焉！」（〈外儲說左下〉）

韓昭侯謂申子曰：「法度甚不易行也。」申子曰：「法者、見功而與賞，因能而授官。今君設法度，而聽左右之請，此所以難行也。」（〈外儲說左上〉）

明主之為官職爵祿也，所以進賢材，勸有功也。故曰賢材者、處厚祿，任大官；功大者、有尊爵，受重賞。官賢者量其能，賦祿者稱其功。是以賢者不誣能以事其主，有功者樂進其業，故事成功立。（〈八姦〉）

且官職所以任賢也，爵祿所以賞功也。設官職，陳爵祿，而士自至。（〈難二〉）

為求審慎鄭重，韓非又認程能授事，須經試用階段：

因任而授官，循名而責實。（〈定法〉）

觀容服，聽辭言，則仲尼不能以必士。試之官職，課其功伐，則庸人不疑於愚智。（〈顯學〉）

論之於任，試之於事，課之於功。(〈難三〉)

四曰、劃分職權

謂官吏須克盡職責，嚴守分際，不得越權。若夫越俎代庖，既亂體制，雖有功，以其不合形名之旨，故不取；非惟不取，又有罪焉。韓非云：

申子言：「治不踰官，雖知弗言。」治不踰官，謂之守職也可……。(〈定法〉)

申子曰：「治不踰官，雖知不言。」(〈難三〉)

臣不得越官而有功，……越官則死。(〈二柄〉)

明君使事不相干，故莫訟。(〈用人〉)

善賞罰者，百官不敢侵職，群臣不敢失禮。(〈難一〉)

昔者韓昭侯醉而寢，典冠者見君之寒也，故加衣於君之上。覺寢而說，問左右曰：「誰加衣者？」左右對曰：「典冠。」君因兼罪典衣與典冠。其罪典衣，以爲失其事也；其罪典冠，以爲越其職也；非不惡寒也，以爲侵官之害甚於寒。(〈二柄〉)

晉平公與群臣飲，飲酣，乃喟然歎曰：「莫樂爲人君！惟其言而莫之違。」師曠侍坐於前，援琴撞之，公披衽而避，琴壞於壁。公曰：「太師誰撞？」師曠曰：「今者有小人言於側者，故撞之。」公曰：「寡人也。」師曠曰：「啞！是非君人者之言也！」左右請塗之，公曰：「釋之，以爲寡人戒。」或曰：平公失君道；師曠失臣禮。夫非其行而誅其身者，君之於臣也。非其行而陳其言，善諫不聽則遠其身者，臣之於君也。今師曠非平公之行，不陳人臣之諫，而行人主之誅，舉琴而親其體，是逆上下之位，而失人臣之禮也。夫爲人臣者，君有過則諫，諫不聽則輕爵祿以待之，此人臣之禮義也。今師曠非平公之過，舉琴而親其體，雖嚴父不加於子，而師曠行之於君，此大逆之術也。臣行大逆，平公喜而聽之，是失君道也。(〈難一〉)

五曰、專任責成

爲人臣者，莫不欲兼官兼事；然人主用人，既劃分職權，自不容臣下兼官兼職。專任一人，職有專守，即不致有相互爭權諉過之弊。韓非云：

韓宣王謂樛留曰：「吾欲兩用公仲、公叔，其可乎？」對曰：「不可。

晉用六卿而國分，簡公兩用田成、闞止而簡公殺，魏兩用犀首、張儀而西河之外亡。今王兩用之，其多力者樹其黨，寡力者借外權。群臣有內樹黨以驕主，有外為交以削地，則王之國危矣。」（〈說林上〉）

秦武王令甘茂擇所欲為於僕與行，孟卯曰：「公不如為僕。公所長者、使也，公雖為僕，王猶使之於公也。公佩僕璽，而為行，是兼官也。」（〈說林上〉）

明主之道，一人不兼官，一官不兼事。（〈難一〉）

人臣……莫負兼官之責於君，……明君使事不相干，故莫訟；使士不兼官，故技長；使人不同功，故莫爭。爭訟止，技長立，……治之至也。（〈用人〉）

六曰、進退有準

考績進退，以功罪為準，使群臣不得倖進，亦不致枉退。韓非云：

卑賤不待尊貴而進，大臣不因左右而見。百官修通，群臣輻輳。有賞者君見其功，有罰者君知其罪。見知不悖於前，賞罰不弊於後。（〈難一〉）

計功而行賞，程能而授事，察端而觀失，有過者罪，有能者得，故愚者不得任事。（〈八說〉）

因能而授祿，錄功而與官。（〈外儲說左下〉）

賢材者、處厚祿，任大官；功大者、有尊爵，受重賞。官賢者量其能，賦祿者稱其功。（〈八姦〉）

七曰、循序遷升

謂人主量能授事，必先試以低級官職，然後逐級升遷。一則用以鼓勵，一則藉資磨鍊。韓非云：

官襲節而進，以至大任。（〈八經〉）

明主之吏，宰相必起於州部，猛將必發於卒伍。夫有功者必賞，則爵祿厚而愈勸；遷官襲級，則官職大而愈治。夫爵祿勸（勸原作大，據本師《先秦文彙》說改）而官職治，王之道也。（〈顯學〉）

明主之國，有貴臣，無重臣。貴臣者，爵尊而官大也；重臣者，言聽而力多者也。明主之國，遷官襲級，官爵授功，故有貴臣。言不

度行，而有僞必誅，故無重臣也。（〈八說〉）

總之，用人術之首要，在用舍自主，體制分明。用人須因材器使，分任專職，以責成效。官吏之進退，必以功罪爲準，而採逐級升遷制。如此，人君駕馭群臣，無尾大不掉、大阿倒持之患；各級官吏，稱職盡職，亦無尸位素餐與推諉卸責之弊。

七、伺察之術

前言君主虛靜無爲，持形名參伍、聽言、用人諸術，實已足杜防人臣姦詐。然韓非鑑於君臣異利，上下一日百戰，故於伺察之術，剖析綦詳，茲特闡述於後。

韓非以爲君主掩情匿端，隱而不露，持術以伺察臣姦，方能杜漸防微，禁遏亂謀。管子曰：「邪莫如蚤禁之。」（〈法法〉）韓非亦主張早絕姦萌：

　　善持勢者，蚤絕其姦萌。（〈外儲說右上〉）

　　故治民者，禁姦於未萌。（〈心度〉）

其論伺察之術，可得而言者，有下列諸端：

一曰、疑詔詭使

謂人主使臣下疑其所詔，懼監察而不敢爲姦；詭譎而使之，群臣乃盡忠而不敢隱情。〈內儲說上篇〉云：

　　龐敬、縣令也，遣市者行，而召公大夫而還之，立有間，無以詔之，卒遣行。市者以爲令與公大夫有言，不相信，以至無姦。

　　戴驩、宋太宰，夜使人曰：「吾聞數夜有乘輼車至李史門者，謹爲我伺之。」使人報曰：「不見輼車，見有奉笥而與李史語者，有間，李史受笥。」

二曰、挾知而問

謂「以我所知，而佯問之。」（《韓非子·纂聞》）使群臣疑君爲神明，因不敢矯情飾非。〈內儲說上篇〉云：

　　挾知而問，則不知者至；深知一物，則眾隱皆變。

　　韓昭侯握爪，而佯亡一爪，求之甚急，左右因割其爪而效之。昭侯以此察左右之不誠。

　　韓昭侯使騎於縣，使者報，昭侯問曰：「何見也？」對曰：「無所見

也。」昭侯曰：「雖然，何見？」曰：「南門之外，有黃犢食苗道左者。」昭侯謂使者：「毋敢洩吾所問於女。」乃下令曰：「當苗時，禁牛馬入人田中，固有令，而吏不以爲事，牛馬甚多入人田中，亟舉其數上之，不得，將重其罪。」於是三鄉舉而上之。昭侯曰：「未盡也。」復往審之，乃得南門之外黃犢。吏以昭侯爲明察，皆悚懼其所，而不敢爲非。

周主下令索曲杖，吏求之數日不能得；周主私使人求之，不移日而得之。乃謂吏曰：「吾知吏不事事也。曲杖甚易得也，而吏不能得；我令人求之，不移日而得之，豈可謂忠哉！」吏乃皆悚懼其所，而以君爲神明。

衛嗣公使人爲客過關市，關吏苛難之，因事關吏以金，關吏乃舍之。嗣公謂關吏曰：「某時有客過而所，與汝金，而汝因遣之。」關吏乃大恐，而以嗣公爲明察。

子之相燕，坐而佯言曰：「走出門者何也？白馬也！」左右皆言不見，有一人走追之，報曰：「有。」子之以此知左右之不誠信。

三曰、倒言反事

謂倒置他人之言而反說之，就所事之相反者而爲之，則姦情可得而盡。〈內儲上篇〉云：

倒言、反事，以嘗所疑，則姦情得。

有相與訟者，子產離之，而無使得通辭，倒其言以告而知之。

四曰、明察六微

〈內儲說下篇〉云：「六微：一曰、權借在下，二曰、利異外借，三曰、託於似類，四曰、利害有反，五曰、參疑內爭，六曰、敵國廢置。——此六者，主之所察也。」茲分述之：

（1）權借在下

韓非主張勢必操之於君，若主權旁落，大臣專斷，大則國亡身危，小則爲下所壅，不可不察。韓非云：

晉厲公之時，六卿貴，胥僮長魚矯諫曰：「大臣貴重，敵主爭事，外市樹黨，下亂國法，上以劫主，而國不危者，未嘗有也。」公曰：「善。」乃誅三卿。胥僮長魚矯又諫曰：「夫同罪之人，偏誅而不盡，是懷怨

而借之間也。」公曰:「吾一朝而夷三卿,予不忍盡也。」長魚矯對
曰:「公不忍之,彼將忍公。」公不聽,居三月,諸卿作難,遂殺屬
公,而分其地。

州侯相荊,貴而主斷。荊王疑之,因問左右,左右對曰:「無有。」
如出一口也。

燕人,其妻有私通於士,其夫早自外而來,士適出,夫曰:「何客也?」
其妻曰:「無客。」問左右,左右言:「無有。」如出一口。其妻曰:
「公惑易也。」因浴之以狗矢。

(2) 利異外借

謂君臣利異,姦臣多圖私利,不顧國患。甚者借外力以自重,無所不用
其極,此不可不察。韓非云:

> 君臣之利異,故人臣莫忠。故臣利立,而主利滅。是以姦臣者,召
> 敵兵以內除,舉外事以眩主;苟成其私利,不顧國患。

> 公叔相韓而有攻齊,公仲甚重於王,公叔恐王之相公仲也,使齊、韓
> 約而攻魏,公叔因內齊軍於鄭,以劫其君,以固其位,而信兩國之約。

> 大成午從趙謂申不害於韓曰:「子以韓重我於趙,請以趙重子於韓,
> 是子有兩韓,我有兩趙。」

> 白圭相魏,暴譴相韓。白圭謂暴譴曰:「子以韓輔我於魏,我以魏持
> 子於韓,臣長用魏,子長用韓。」

(3) 託於似類

言人臣窺覘君心,託於似類,以成其私,人主不察,即失誅錯罰,可不
慎乎!韓非云:

> 似類之事,人主之所以失誅,而大臣之所以成私也。

> 齊中大夫有夷射者,御飲於王,醉甚而出,倚於郎門。門者刖跪請
> 曰:「足下無意賜之餘瀝乎?」夷射叱曰:「去!刑餘之人,何事乃
> 敢乞飲長者。」刖跪走退。及夷射去,刖跪因捐水郎門霤下,類溺
> 者之狀。明日,王出而訶之,曰:「誰溺於是?」刖跪對曰:「臣不
> 見也;雖然,昨日中大夫夷射立於此。」王因誅夷射而殺之。

> 季辛與爰騫相怨,司馬喜新與季辛惡,因微令人殺爰騫,中山之君
> 以為季辛也,因誅之。

荊王所愛妾有鄭袖者，荊王新得美女，鄭袖因教之曰：「王甚喜人之掩口也，為近王，必掩口。」美女入見，近王，因掩口。王問其故，鄭袖曰：「此固言惡王之臭。」及王與鄭袖、美女三人坐，袖因先誡御者曰：「王適有言，必亟聽從王言。」美女前，近王甚，數掩口。王悖然怒曰：「劓之！」御者因揄刀而劓美人。

他如濟陽自矯而二人罪，費無極教郄宛而令尹怒，陳需殺張壽而犀首誅，燒芻廥而中山罪，殺老儒而濟陽貴，亦其例也。〈外儲說右上篇〉亦載甘茂託似類以害犀首云：

甘茂相秦惠王，惠王愛公孫衍，與之閒有所言，曰：「寡人將相子。」甘茂之吏道穴聞之，以告甘茂。甘茂入見王，曰：「王得賢相，臣敢再拜賀。」王曰：「寡人託國於子，安更得賢相？」對曰：「將相犀首。」王曰：「子安聞之？」對曰：「犀首告臣。」王怒犀首之泄，乃逐之。

（4）利害有反

凡事之起，有因而得利者，亦有因而得害者，是謂利害有反。事起如有所利，利必歸於主事者；事起有所害，則須察其因事起而有所利者，以得姦情。人臣窺覘君心，每藉其所害，而得私利，人主察其反者，即可得事實之真相。韓非云：

事起而有所利，其尸主之；有所害，必反察之。

昭奚恤之用荊也，有燒倉廥窌者，而不知其人，昭奚恤令吏執販茅者而問之，果燒也。

僖侯浴，湯中有礫。僖侯曰：「尚浴免，則有當代者乎？」左右對曰：「有。」僖侯曰：「召而來；」讓之曰：「何為置礫湯中？」對曰：「尚浴免，則臣得代之，是以置礫湯中。」

（5）參疑內爭

謂權勢相擬相參，庶孽擬於正嫡，人主失勢，必致內憂，爭亂不已。〈說疑篇〉所謂：「內寵並后，外寵貳政，枝子配適，大臣擬主。」是也。參擬內爭，敗壞體制，實為亂源，豈可不察乎！韓非云：

參疑之勢，亂之所由生也，故明主慎之。

晉獻公之時，驪姬貴，擬於后妻，而欲以其子奚齊代太子申生，因患申生於君而殺之，遂立奚齊為太子。

公子朝、周太子也，弟公子根甚有寵於君，君死，遂以東周叛，分
爲兩國。

田恒相齊，闞止重於簡公，二人相憎而欲相賊也，田恒因行私惠以
取其國，遂弒簡公而奪之政。

鄭君問鄭昭曰：「太子亦何如？」對曰：「太子未生也。」君曰：「太
子已置，而曰未生，何也？」對曰：「太子雖置，然而君之好色不已，
所愛有子，君必愛之，愛之則必欲以爲後，臣故曰：太子未生也。」

（6）敵國廢置

謂我臣之用舍廢置，皆出於敵謀也。敵國行反間，計亂我政，隱操人員
用舍之權，爲人主者安能不察？韓非云：

敵之所務，在淫察而就靡，人主不察，則敵廢置矣。

文王資費仲而遊於紂之旁，令之間紂而亂其心。

仲尼爲政於魯，道不拾遺，齊景公患之。黎且謂景公曰：「去仲尼，
猶吹毛耳。君何不迎之以重祿高位，遺哀公女樂以驕榮其意？哀公
新樂之，必怠於政，仲尼必諫，諫必輕絕於魯。」景公曰：「善」乃
令黎且以女樂二八遺哀公，哀公樂之，果怠於政。仲尼諫，不聽，
去而之楚。

五曰、偵知五壅

人臣壅蔽其主，使不明下情者有五端，爲人主者不可不偵知。韓非云：

是故人主有五壅：臣閉其主曰壅，臣制財利曰壅，臣擅行令曰壅，
臣得行義曰壅，臣得樹人曰壅。臣閉其主，則主失明；臣制財利，
則主失德；臣擅行令，則主失制；臣得行義，則主失名；臣得樹人，
則主失黨。此人主之所以獨擅，非人臣之所以得操也。（〈主道〉）

此五壅之說，可表列如下：

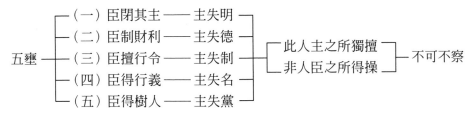

至其所以偵知之道，則在虛靜無爲，審合形名，參伍以得其情。〈難三篇〉

所謂魯三桓「外障距諸侯四鄰之士，內比周而以愚其君」者，臣閉其主之類也。〈亡徵篇〉所謂「出軍命將太重，邊地任守太尊，專制擅命，徑爲而無所請者」，臣擅行令之類也。〈八姦篇〉所謂「散公財以說民人，行小惠以取百姓，使朝廷市井皆譽己，以塞其主，而成其欲」者，臣得行義之類也。〈亡徵篇〉所謂「大臣專制，樹羈旅以爲黨」者，臣得樹人之類也。必偵知此五壅，而後可止姦防亂。

六曰、審察八姦

韓非以爲人臣用以成姦者，有八術，人主因之劫壅，失其所有，不可不禁。〈八姦篇〉所載八姦，文繁不贅，茲具表如左：

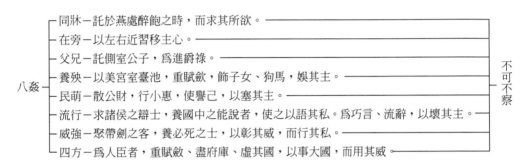

至其所以伺察而杜防之策，可歸納如次：

（1）同牀 —— 娛其色，不行其謁，不使私請。

（2）在旁 —— 使其身，責其言，不使益辭。

（3）父兄 —— 聽其言，必使罰任於後，不令妄舉。

（4）養殃 —— 不使群臣虞其意，以供其觀樂玩好。

（5）民萌 —— 施惠濟民，皆由己出，不使人臣私其德。

（6）流行 —— 使譽毀皆有其實，不使群臣相互毀譽。

（7）威強 —— 賞軍功，罰私鬥，不使羣臣行私。

（8）四方 —— 拒絕諸侯之求索，不使群臣借外力以自重。

其次，韓非以求姦與求善並論，〈難三篇〉云：「明君求善而賞之，求姦而誅之，其得之一也。」原其求姦之由，則在早絕姦萌，而可防微杜漸。〈難三篇〉云：

明君見小姦於微，故民無大謀；行小誅於細，故民無大亂。此謂「圖難者於其所易也；爲大者於其所細」也。……知下明，則禁於微；

禁於微，則姦無積；姦無積，則無背心。

明不能燭遠姦，見隱微，而待以觀飾行，定賞罰，不亦弊乎！

所謂「預防遠較遏亂為尤要」者是也。韓非伺察之術，除上述者外，又有左列數項原則：

（1）禁其心

禁姦之至上原則，在根絕人臣為姦之心、作亂之意。如此，則無姦言，亦無姦事。韓非云：

是故禁姦之法，太上禁其心，其次禁其言，其次禁其事。（〈說疑〉）

上設其法，而下無姦詐之心，如此，可謂善賞罰矣。（〈難一〉）

（2）去其因

謂摒除人臣禍亂之所憑藉也。人臣或恃強國為外援，或恃親寵為內因，今循名參伍，以責其功，則人臣失其憑藉，不得為亂。韓非云：

臣有二因，謂外、內也。外曰畏，內曰愛，所畏之求得，所愛之言聽，此亂臣之所因也。外國之置諸吏者，詰誅親暱重帑，則外不藉矣。爵祿循功，請者俱罪，則內不因矣。外不藉，內不因，則姦宄塞矣。（〈八經〉）

（3）相伺察

謂獎勵告姦，使臣下相互窺伺。告過者免罪受賞，匿姦者相坐連刑，則姦情之大小畢得。韓非云：

是故夫至治之國，善以止姦為務，是何也？其法通乎人情，關乎治理也。然則微姦之法奈何？其務令之相規其情者也，然則相闚奈何？曰：蓋里相坐而已。禁尚有連於己者，理不得不相闚，惟恐不得免。有姦心者不令得志，闚者多也。如此則慎己而闚彼，發姦之密。告過者、免罪受賞，失姦者、必誅連刑。如此則姦類發矣。姦不容細，私告任坐使然也。（〈制分〉）

（4）除陰姦

謂君主於人臣之位高任重者，必質其妻子，厚其爵祿，嚴厲督責，以防其叛亂。如有叛亂之迹象，必立即清除。至若犯罪事實未昭著，不能依法治罪者，不妨利用飲食或其仇人以除之。

韓非云：

其位至而任大者，以三節持之：曰「質，」曰「鎮，」曰「固。」
親戚妻子，質也；爵祿厚而必，鎮也；參伍責怒，固也。賢者止於
質，貪饕化於鎮，姦邪窮於固。忍不制則上失，小不除則大誅。誅
而名實當，則徑之。生害事，死傷名，則行飲食；不然，而與其讎；
此謂除陰姦也。（〈八經〉）

（5）清君側

謂大臣近習，常以術劫君，居中朋比，使主術不行，不誅則亂法，誅之
則人主危，是猶國之猛狗與社鼠也。雖無叛亂之迹象，亦應忍痛除之，以清
君側。韓非云：

術之不行，有故；不殺其狗，則酒酸。夫國亦有狗，且左右皆社鼠
也。……故能使人彈痤者，必其忍痛者也。……宋之酤酒者、有莊
氏者，其酒常美。或使僕往酤莊氏之酒，其狗齕人，使者不敢往，
乃酤佗家之酒。問曰：「何爲不酤莊氏之酒？」對曰：「今日莊氏之
酒酸。」故曰；不殺其狗則酒酸。……桓公問管仲曰：「治國何患？」
對曰：「最苦社鼠。夫社、樹木而塗之，鼠因自託也；燻之則木焚，
灌之則塗阤，此所以苦於社鼠也。今人君左右，出則爲勢重以收利
於民，入則比周謾侮蔽惡以欺於君，不誅則亂法，誅之則人主危，
據而有之，此亦社鼠也。故人臣執柄擅禁，明爲己者必利，不爲己
者必害，亦猛狗也。故左右爲社鼠，用事者爲猛狗，則術不行矣。……
夫痤疽之痛也，非刺骨髓，則煩心不可支也；非知是，不能使人以
半寸砥石彈之。今人主之於治亦然，非不知有苦則安；欲治其國，
非知是，不能聽聖智而誅亂臣。（〈外儲說右上〉）

要之，韓非言人主伺察之術，頗施權謀，行「詭使」、「挾知」、「倒言」三術，
又欲明察六微，偵知五壅，審察八姦。其禁姦之道，貴在禁其心，去其因；
止姦之術，務使相爲窺伺，痛除陰姦，並忍清君側。雖語多慘礉，然而覷破
人性弱點，切中世情弊竇，其說不可謂不精湛矣！

第五章 韓非之國防思想

第一節 韓非之耕戰富強論

一、富強本乎內政

　　韓非生當務力之世，鑑於縱橫捭闔，說士騁詞辯、務華采而不周於用，力倡富強之本在內政，不在外交。以爲明君欲致富圖強，必由整飭內政始；若不勤法禁，而徒恃外援，捨本逐末，則必削弱敗亡而後已。韓非云：

　　　　治強不可責於外，內政之有也。今不行法術於內，而事智於外，則不至於治強矣。(〈五蠹〉)

　　　　內不量力，外恃諸侯，則削國之患也。(〈十過〉)

　　　　故恃鬼神者慢於法，恃諸侯者危其國。(〈飾邪〉)

　　　　簡法禁而務謀慮，荒封內而恃交援者，可亡也。(〈亡徵〉)

於是韓非明斥縱橫之不可用，以爲三王、五霸之治，惟在治內以裁外耳。其〈忠孝篇〉云：「三王不務離合而正，五霸不待縱橫而察，治內以裁外而已矣。」王霸不待縱橫，則縱橫之不可恃明矣。韓非又舉例以證實之云：

　　　　周去秦而爲從，期年而舉；衛離魏爲衡，半歲而亡。是周滅於從，衛亡於衡。(〈五蠹〉)

　　　　曹恃齊而不聽宋，齊攻荊而宋滅曹。邢恃吳而不聽齊，越伐吳而齊滅邢。許恃荊而不聽魏，荊攻宋而魏滅許。鄭恃魏而不聽韓，魏攻

荊而韓滅鄭。(〈飾邪〉)

言縱者曰：「縱成必霸」；言橫者曰：「橫成必霸」。然事大言橫，則委圖效璽，地削名卑，國弱而政亂矣；救小言縱，起兵敵大，兵敗城拔，亡地而敗軍矣。於國何利焉？且人臣道縱橫，但謀私利，則國弱主卑，而大臣富貴。故縱橫之術，實有百害而無一利。韓非云：

> 今人臣之言衡者，皆曰：「不事大，則遇敵受禍矣。」事大必有實，則舉圖而委，效璽而請矣。獻圖則地削，效璽則名卑；地削則國弱，名卑則政亂矣。事大爲衡，未見其利也，而亡地亂政矣。人臣之言從者，皆曰：「不救小而伐大，則失天下；失天下則國危，國危則主卑。」救小必有實，則起兵而敵大矣。救小未必能存，敵大未必不有疏，有疏則爲強國制矣。出兵則軍敗，退守則城拔。救小爲從，未見其利，而亡地敗軍矣。是故事強，則以外權士官於內；救小，則以內重求利於外。國利未立，封土厚祿至矣；主上雖卑，人臣尊矣；國地雖削，私家富矣。(〈五蠹〉)

韓非既斥縱橫，不尚外交，遂謂治國惟須自恃，而自恃之道，又在明法禁，盡地力以致民死，韓非云：

> 凡明主之治國也，任其勢。勢不可害，則雖強天下，無奈何也，而況孟嘗、芒卯、韓、魏能奈我何！其勢可害也，則不肖如如耳、魏齊，及韓、魏猶能害之。然則害與不侵，在自恃而已矣。(〈難三〉)

> 明夫恃人不如自恃也，明於人之爲己者，不如己之自爲也。(〈外儲說右下〉)

> 故明主者，不恃其不我叛也，恃吾不可叛也；不恃其我不欺也，恃吾不可欺也。(〈外儲說右上〉)

> 使周、衛緩其從衡之計，而嚴其境內之治，——明其法禁，必其賞罰；盡其地力，以多其積；致其民死，以堅其城守；——天下得其地則其利少，攻其國則其傷大。萬乘之國，莫敢自頓於堅城之下，而使強敵裁其弊也。(〈五蠹〉)

總之，韓非以爲富強之本在內政，苟恃外交而道縱橫，則智困於外，政亂於內，不敗亡而何？故明主唯審法禁，厲耕戰，始能治強。

二、耕戰以致富強

　　富國強兵，乃法家之中心政策，亦其學術思想之終極目標。戰國時代列國競爭，以力相尚，欲國家之生存與發展，首在致富圖強。富強之具體方策，端在耕戰二者。耕為財力之源泉，戰為武力之考驗，不務耕戰，實無以富國強兵。

　　以「當今爭於力」（〈八說〉），「明君務力」（〈顯學〉）之故，韓非重耕戰，實基於務力之國家觀。而戰國之時，商工繁盛，土地私有兼併之風日熾；加以頻年爭亂，耕夫流亡，農村破產。耕夫流亡，則兵力衰弱，戰力不易持久；農村破產，則稅源枯竭，財政無以維持。於是法家明揭農戰之旨，李悝盡地力，商鞅厲農戰；韓非踵事增華，屢言耕戰之急要，一則曰：「簡本教而輕戰功者，可亡也。」（〈亡徵〉）再則曰：「能趨力於地者富，能趨力於敵者強，強不塞者王。」（〈心度〉）「趨力於地」者，耕也；「趨力於敵」者，戰也。能使民勤於本業，勇於公戰，則霸王之業可期。反之，府庫空虛，甲兵廢弛，欲百姓之不流離轉徙，敵騎之不長驅直入，豈可得乎！

三、爵賞以勵耕戰

　　韓非之富強論，積極則在陳爵賞以勵耕戰。蓋以人性好利，「利之所在，則忘其所惡，皆為賁、諸。」（〈內儲說上〉）苟事耕戰而可得富貴，雖戰危耕勞，在所不計。故人主因勢利導，示其大利可趨，高爵厚賞以獎勸之。韓非云：

> 夫耕之用力也勞，而民為之者，曰：可得以富也。戰之為事也危，
> 而民為之者，曰：可得以貴也。（〈五蠹〉）

> 設民所欲，以求其功，故為爵祿以勸之。（〈難一〉）

至其賞勸之道，可得而言者有三：

一曰、陳善田利宅

　　田宅為凡民之所喜好，有軍功者，則擇其優渥者而授予之。韓非云：

> 夫陳善田利宅者，所以屬戰士也。（〈詭使〉）

> 夫上陳良田大宅，設爵祿，所以易民死命也。（〈顯學〉）

二曰、重農賤商工

　　富商大賈之尊養處優，利用游資以兼併農田，漢‧鼂錯言之最切：

> 商賈大者積貯倍息，小者坐列販賣。操其奇贏，日游都市。乘上之
> 急，所賣必倍。故男不耕耘，女不蠶織，衣必文采，食必粱肉，亡

> 農夫之苦,有仟佰之得。因其富厚,交通王侯,力過吏勢,以利相
> 傾。千里游敖,冠蓋相望。乘堅策肥,履絲曳縞。此商人所以兼併
> 農人,農人所以流亡者也。(《漢書‧食貨志》)

商人不事力而養足,牟農夫之利,既得私利,即害公利,故戰國諸子,多主
重農抑商。韓非亦以商、工為末作,事農方為本務,以為商人市利,甚而足
以破國滅朝,實邦國之蠹,明主治國,必使民力耕以致用,棄商而就農;賤
商、工,即所以獎勵農耕也。韓非云:

> ……其商、工之民,修治苦窳之器,聚弗靡之財,蓄積待時,而侔
> 農夫之利。此五者,邦之蠹也。人主不除此五蠹之民,不養耿介之
> 士,則海內雖有破亡之國,削滅之朝,亦勿怪矣。(〈五蠹〉)

> 因末作而利本事。(〈姦劫弒臣〉)

> 明王治國之政,使其商、工、游食之民少而名卑,以趣本務而外末
> 作。(〈五蠹〉)

三曰、譽耕戰之士

人主以爵祿賞之,世俗尙須以聲名譽之,所謂賞譽一致是也。若賞之而
又輕之,爵之而復卑之,是亂法亂民,非所以屬耕戰也。韓非云:

> 譽輔其賞,毀隨其罰,則賢不肖俱盡其力矣。今則不然。以其有功
> 也爵之,而卑其士官也;以其耕作也賞之,而少其家業也。……故
> 法禁壞,而民愈亂。(〈五蠹〉)

四、明法以除姦僞

韓非之耕戰富強論,以為國家務力,欲圖富強,必尙功用,責成實效。
故凡所為合於耕戰,切於時用者,則為有益之民;所為不合於耕戰,不切於
時用者,則為無益之民。耕戰有益之民,宜尊之賞之譽之;姦僞無益之民,
宜賤之毀之除之。

然韓非慨世主自亂賞罰,是以耕戰之士,犯危苦而賞不霑,而無益耕戰
之民每多富貴,名形未當,賞賜無準,未可以為治也:

> 倉廩之所以實者,耕農之本務也;而綦組錦繡,刻畫為末作者富。
> 名之所以成,地之所以廣者,戰士也,今死士之孤,飢餓乞於道,
> 而優笑、酒徒之屬,乘車衣絲。賞祿、所以盡民力,易下死也;今

戰勝攻取之士，勞而賞不霑，而卜筮、視手理，狐蠱為順辭於前者
曰賜。（〈詭使〉）

畏死、遠離，降北之民也，而世尊之曰：「貴生之士。」學道、立方，
離法之民也，而世尊之曰：「文學之士。」游居、厚養，牟食之民也，
而世尊之曰：「有能之士。」語曲、牟知，詐偽之民也，而世尊之曰：
「辯智之士。」行劍、攻殺，暴憿之民也，而世尊之曰：「磏勇之士。」
活賊、匿姦，當死之民也，而世尊之曰：「任譽之士。」此六民者，
世之所譽也。赴險、殉誠，死節之民也，而世少之曰：「失計之民」
也。寡聞、從令，全法之民也，而世少之曰：「樸陋之民」也。力作
而食，生利之民也，而世少之曰：「寡能之民」也，嘉厚、純粹，整
穀之民也，而世少之曰：「愚戇之民」也。重命、畏事，尊上之民也，
而世少之曰：「怯懾之民」也。挫賊、遏姦，明上之民也，而世少之
曰：「諂讒之民」也。此六民者，世之所毀也。姦偽無益之民六，而
世譽之如彼；耕戰有益之民六，而世毀之如此：此之謂「六反。」
布衣循私利而譽之，世主聽虛聲而禮之；禮之所在，利必加焉。百
姓循私害而訾之，世主壅於俗而賤之；賤之所在，害必加焉。故名、
賞在乎私、惡當罪之民；而毀、害在乎公、善宜賞之士，索國之富
強，不可得也。（〈六反〉）

鑑於上由，韓非力言必事耕戰，而後可賞之爵祿，使之顯名。〈外儲說右上篇〉
云：「不服兵革而顯，不親耕耨而名，又非所以教於國也。」故所謂「五蠹之
民」，稱先王、道仁義、飾智辯說、亂法犯禁、行賂成私、聚斂倍農，飾行以
要爵祿，而致尊過耕戰之士；平時不事農業生產，戰時不能捍衛國家，特邦
之蠹耳，實無益而有害。人主必除之，始可免於亂亡。韓非云：

是故亂國之俗：其學者，則稱先王之道以籍仁義，盛容服而飾辯說，
以疑當世之法，而貳人主之心。其言談者，偽設詐稱，借於外力，
以成其私，而遺社稷之利。其帶劍者，聚徒屬，立節操，以顯其名，
而犯五官之禁。其患御者，積於私門，盡貨賂，而用重人之謁，退
汗馬之勞。商工之民，修治苦窳之器，聚弗靡之財，蓄積待時，而
侔農夫之利。此五者，邦之蠹也。人主不除此五蠹之民，不養耿介
之士，則海內雖有破亡之國，削滅之朝，亦勿怪矣。（〈五蠹〉）

耕戰能致富圖強，故宜爵賞耕者之勤，尊顯斬首之勞。欲使民「出死而重殉

上事」,「疾作而少言談」,必去無益耕戰之儒、俠,使所養即所用,所用即所養;方符形名而急事功。若夫顯巖穴之士而尊學者,亦無以獎勵耕戰,必至國貧兵弱,而有滅亡之虞。抑有進者,繩以功用,雖賢聖如孔、墨,既不事耕耨,則無益於國;雖孝廉如曾、史,既不親攻戰,則無利於國。其言曰:

> 今有人於此,義不入危城,不處軍旅,不以天下大利,易其脛一毛;世主必從而禮之,貴其智而高其行,以爲輕物重生之士也。……今上尊貴輕物重生之士,而索民之出死而重殉上事,不可得也。藏書策,習談論,聚徒役,服文學而議說,世主必從而禮之,曰:「敬賢士,先王之道也。」夫吏之所稅,耕者也;上之所養,學士也。耕者則重稅,學士則多賞,而索民之疾作而少言談,不可得也。立節參名,執操不侵,怨言過於耳,必隨之以劍,世主必從而禮之,以爲自好之士。夫斬首之勞不賞,而家鬥之勇尊顯,而索民之疾戰距敵,而無私鬥,不可得也。國平則養儒、俠,難至則用介士,所養者非所用,所用者非所養,此所以亂也。(〈顯學〉)

> 夫好顯巖穴之士而朝之,則戰士怠於行陳;上尊學者,下士居朝,則農夫惰於田。戰士怠於行陳者,則兵弱也;農夫惰於田者,則國貧也。兵弱於敵,國貧於內,而不亡者,未之有也。(〈外儲說左上〉)

> 博習辯智如孔、墨,孔、墨不耕耨,則國何得焉?修孝寡欲如曾、史,曾、史不戰攻,則國何利焉?(〈八說〉)

其次,循名實,責功效,必求貫徹,故雖談論實用之學,未能躬親兵、農,不切時需,無濟事務,亦在詆諆擯斥之列:

> 今境內之民皆言治,藏商、管之法者家有之,而國愈貧,言耕者眾,執耒者寡也。境內皆言兵,藏孫、吳之書者家有之,而兵愈弱,言戰者多,被甲者少也。(〈五蠹〉)

總之,韓非抨擊無益耕戰之民,欲人主明罰飭法,使「其民用力勞而不休,逐敵危而不卻。」(〈定法〉)但重視功利而輕蔑文明,此法家一貫之態度也。

第二節　韓非之人口增殖論

　　韓非之人口論,雖非系統完整之學說,然零縑散綺,尚不難尋繹而得其一二:

一、人口數量之增加

　　韓非注重增殖人口之理由，首則基於民之樂生而重死；人口眾多，在上者苟擅勢術以行法，必可主尊令行。其言曰：

> 危道：一曰斷削於繩之內，二曰斷割於法之外，三曰利人之所害，四曰樂人之所禍，五曰危人之所安，六曰所愛不親，所惡不疏。如此，則人失其所以樂生，而忘其所以重死。人不樂生，則人主不尊；不重死，則令不行也。（〈安危〉）
>
> 民蕃息而蓄積盛。（〈解老〉）
>
> 民眾則國廣。（〈解老〉）
>
> 民用官治則國富，國富則兵強，而霸王之業成矣。（〈六反〉）

於是韓非以人口增殖爲治國之要策，以國家人口與家庭資財並論。曰：「身以積精爲德，家以資財爲德，鄉國天下皆以民爲德。」（〈解老〉）資財多則家庭富足；人口多則國家廣大。廣大而後能圖富強，富強始可成霸業。

　　至其人口增殖之具體方略，有下列數端：

（一）使民婚姻以時

　　韓非認爲婚姻以時，乃事理之常。今使百姓男女適時婚嫁，則增殖人口之目的，不期而自成。其言曰：

> 因事之理，則不勞而成。……齊桓公微服以巡民家，人有年老而自養者，桓公問其故。對曰：「臣有子三人，家貧無以妻之，傭未及反。」桓公歸，以告管仲。管仲曰：「畜積有腐棄之財，則人飢餓；宮中有怨女，則民無妻。」桓公曰：「善。」乃論宮中有婦人而嫁之，下令於民曰：「丈夫二十而室，婦人十五而嫁。」（〈外儲說右下〉）

所謂「丈夫二十而室，婦人十五而嫁。」即使民婚姻以時也。其說與句踐生聚之法：「女子十七不嫁，其父母有罪；丈夫二十不娶，其父母有罪。」實先後輝映。《墨子》亦云：「昔聖王爲法曰：丈夫年二十，毋敢不處家；女子年十五，毋敢不事人。……此不唯使民蚤處家而可以倍興。」大抵爭擾之世，繁殖人口而致富強，實當務之急。男有室，女有家，則野無曠夫，國無怨女，社會自趨安寧。諸子適世論事，多主婚姻以時，韓非之欲增殖人口而謀富強，自亦不能外此。

（二）使民得盡天年

人民安分守己，而不作姦犯科，自可盡其天年。若由君主言之，民眾為力戰之資，必愛惜民命，可恃可勝而後戰，減少無謂之犧牲，亦增殖人口之一道。韓非云：

> 人莫不欲富貴全壽。（〈解老〉）

> 行端直則思慮熟，思慮熟則得事理。行端直則無禍害，無禍害則盡天年。得事理則必成功，盡天年則全而壽。（〈解老〉）

> ……人君重戰其卒則民眾。（〈解老〉）

> 民不敢犯法，則上內不用刑罰，而外不事利其產業。上內不用刑罰，而外不事利其產業，則民蓄息。（〈解老〉）

（三）利取民心歸向

韓非認人性自為自利，皆趨利避害，「利之所在，民歸之；名之所在，士死之。」（〈外儲說左上〉）故人君必示民以大利可趨，使民安土重遷，方可以繁衍人口。其方策，則在賞不下共，專其恩德，市利於民以爭取政權，使民心歸向。民心歸向則民眾，民眾則主尊而國富兵強矣。韓非云：

> 齊景公之晉，從平公飲，師曠侍坐。始坐，景公問政於師曠曰：「太師將奚以教寡人？」師曠曰：「君必惠民而已。」中坐，酒酣，將出，又復問政於師曠曰：「太師奚以教寡人？」曰：「君必惠民而已矣。」景公出之舍，師曠送之，又問政於師曠。師曠曰：「君必惠民而已矣。」景公歸思，未醒，而得師曠之所謂：公子尾、公子夏者，景公之二弟也，甚得齊民，家富貴，而民說之，擬於公室。「此危吾位者也。今謂我惠民者，使我與二弟爭民邪？」於是反國，發廩粟以賦眾貧，散府財以賜孤寡，倉無陳粟，府無餘財，宮婦不御者出嫁之，七十受祿米，鬻德施惠於民也，已與二弟爭民。居二年，二弟出走，公子夏逃楚，公子尾走晉。（〈外儲說右上〉）

或謂此段記載，與韓非之思想體系不符，乃後人羼亂者。蓋韓非反對儒家之輕刑薄斂，慈愛貸施，以為處紛爭之世，人性自利自為，欲圖富強，必捨仁棄愛，一用嚴刑重罰，賞必有功，貴必稱事，然後臣下不僥倖圖免，知謀公利而盡公忠。其言曰：

> 善為主者，明賞設利以勸之，使民以功賞，而不以仁義賜；嚴刑重

罰以禁之，使民以罪誅，而不以愛惠免。（〈姦劫弒臣〉）

故明主之治國也，適其時事以致財物，論其賦稅以均貧富，厚其爵
祿以盡賢能，重其刑罰以禁姦邪。使民以力得富，以事致貴，以過
受罪，以功致賞，而不念慈惠之賜，此帝王之政也。（〈六反〉）

不能辟草生粟，而勸貸施賜與，不能為富民者也。（〈八說〉）

然而術之運用多端，為君必偵知臣壅，而有以制之。重臣既竊賞以市利於民，
君必倍之，垂利示惠，而爭取民心歸向。是景公市利於民，不過術治之高度
發揮，韓非偶施權變，亦因時制宜，不可遽論為悖繆失理，故仍繫為繁衍人
口方策之一。

二、人口品質之改進

　　韓非之於人口，質與量並重。人口之增殖，前已敘及，請更就其質之改
進而言。

　　《韓非子‧安危篇》云：「存亡在虛實，不在於眾寡。」量之眾庶，固屬
重要，而質之優劣，更影響國力之虛實，進而關繫一國之存亡。韓非重視人
口品質之改進，殆非無因。至其所謂質優，絕不在於聰慧賢能敏達，如一般
所云者，乃指尊君明法、戮力耕戰者而言。韓非云：

赴險、殉誠，死節之民也，……寡聞、從令，全法之民也，……力
作而食，生利之民也，……重命、畏事，尊上之民也，……挫賊、
遏姦，明上之民也。（〈六反〉）

可見其理想人口，乃在平時全法從令，力作生利；戰時赴險殉誠，挫賊遏姦
之民。蓋韓非以耕戰有益之民，與姦偽無益之民相對立，否認文學、言談、
帶劍、近習、工商等所謂五蠹之民，而盛稱耕戰為理想職業人口。韓非人口
品質改進之具體方策，可約論如次：

（一）經濟上

　　使耕戰之民富足，安土重遷；使國家財富充足，倍於公卿巨室。如此，
則可以獎勵耕戰，集中財富，提高理想公民之素質。韓非云：

公家虛而大臣實，正戶貧而寄寓富，耕戰之士困，末作之民利者，
可亡也。（〈亡徵〉）

重本業而輕末作，偏土著而歧流寓，欲利而安之也。

（二）職業上

視工、商爲末作之民，乃「邦之蠹」（〈五蠹〉），欲削減翦除之；獎勵農戰，使民平時戮力常業，戰時赴險死節。（詳本章第一節）

（三）教育上

實行法治教育，培養人民尊上從令之「德行」。韓非云：

> 明主之國，無書簡之文，以法爲教；無先王之語，以吏爲師。（〈五蠹〉）

使民從吏習法，尊上從令，而爲全法之理想公民；而先王之道、儒者之業，皆在摒棄之列。

第三節　韓非之經濟方策

韓非於經濟上之貢獻，遠遜其他法家，蓋韓子身處戰國末季，特重政治理論之建立使然。茲略陳經濟方策如次：

一、農業經濟

法家大抵重農，藉以開發富源，培植國本。《韓非子》中屢稱耕戰，勤耕致富，農業經濟之發展，自屬重要。其說具見〈難二篇〉：

> 舉事慎陰陽之和，種樹節四時之適，無早晚之失，寒溫之災，則入多；不以小功妨大務，不以私欲害人事，丈夫盡於耕農，婦人力於織紝，則入多；務於畜養之理，察於土地之宜，六畜遂，五穀殖，則入多；明於權計，審於地形舟車機械之利，用力少，致功大，則入多。利商市關梁之行，能以所有致所無，客商歸之，外貨留之，儉於財用，節於衣食，宮室器械，周於資用，不事玩好，則入多。入多，皆人爲也。若天事，風雨時，寒溫適，土地不加大，而有豐年之功，則入多。人事、天功，二物者皆入多，非山林澤谷之利也。
> （〈難二〉）

據此，韓非開發經濟之說，可歸納爲數則：

（一）因天事人

因天功以盡人事，實發展農業經濟之總綱。舉凡順四時之宜以種植五穀；因土地之性，以培植農作；並講求優良品種，改進農業之技術等皆是。蓋因天功而盡人事，則事半功倍。

（二）不違農時

農作物之得時與否，足以影響其成長與結果。〈六反篇〉云：「適其時事，以致財物。」春耕、夏耘、秋割，三時不害，則可免「早晚之失，寒溫之災」，而促進全面經濟之發展。

（三）勤於本務

韓非以為男耕女織，分工合作，勤儉樸實，則衣食無虞，國家之富源亦不竭。

（四）地盡其利

「不違農時」乃得天時，此又言盡地利。辨地利，權衡地形，以選擇農種，利用農業機械，則可繁五穀，多蓄積，而備府庫。又「畜牧」為農家副業，選種育種，使六畜得以生長繁殖，亦繁榮經濟之要項。

（五）貨暢其流

韓非重農耕、賤工商，以為商賈聚斂倍農，不事生產，而生活奢侈，乃邦之蠹耳。然便交通，以通有無，亦足以激刺經濟之發展，故韓非主利商市關梁之行，以所有致所無，使貨暢其流，以爭取外匯。其於人民，則欲使之儉財用，節衣食，不事紛華，不輕耗費，儉約蓄積而致富。

此外，繁榮經濟，又須以法禁為後盾，使百姓安業守法，而不作無謂之爭訟。〈解老篇〉云：「獄訟繁則田荒，田荒則府庫虛。府庫虛則國貧，國貧則民俗淫移。民俗淫侈則衣食之業絕，衣食之業絕，則民不得無飾巧詐。」蓋明主審法禁，方足使民勠力本業，以實府庫，富國家；進而移風易俗，使民德歸於淳厚，人皆奉公守法，尊上從令，而躋於富強康樂之域。

二、財賦政策

儒家尊人，故行仁政，省刑罰而薄稅斂；法家則重法，故行霸政，嚴刑罰而厚稅斂。韓非以為人性自利，不得行相愛之道，故詆譏儒者之教，謂其欲愛民，輕刑薄斂，不過「道書筴之頌語，不察當世之實事」（〈六反〉）。蓋常人之情，財用足則懶於用力，習於淫逸；輕刑薄斂，惟使民惰本業而事玩好，非所以增產富國也。儒者輕易施惠於民，非徒不足勸農，反足以害之。

今觀韓非重稅厚斂之意，則有二端：

（一）欲以調節貧富

〈六反篇〉云：「論其賦稅，以均貧富。……使民以力得富。」藉賦稅政策，使民無太富太貧之殊異，皆憑己力致富，而不心存僥倖。如此，重稅厚斂，實有獎勵之作用，乃使農村安定繁榮之要策。

（二）欲以充實府庫

〈詭使篇〉云：「悉租稅，專民力，所以備難，充府庫也。」〈顯學篇〉亦云：「徵賦錢粟，以實倉庫，且以救饑饉，備軍旅也。」則租稅雖重，實所以充盈府庫，備不時之需耳。

三、反對賑濟

韓非務權力，尚功用，欲使民以力致富。認貧窮由於怠惰與奢侈，君若徵斂於富人，而賑濟貧窮，則非所以勵農耕。如是，明主發政施法，嚴其賞罰之準，必不行賑濟政策。韓非云：

> 今世之學士語治者，多曰：「與貧窮地，以實無資。」今夫與人相若也，無豐年旁入之利，而獨以完結者，非力則儉也。與人相若也，無饑饉疾疫禍罪之殃，獨以貧窮者，非侈則惰也。侈而惰者貧，而力而儉者富。今上徵斂於富人，以布施於貧家，是奪力儉而與侈惰也，而欲索民之疾作而節用，不可得也。（〈顯學〉）

> 秦大饑，應侯請曰：「五苑之草、蔬菜、橡、棗、栗，足以活民，請發之。」昭襄王曰：「吾秦法使民有功而受賞，有罪而受誅。今發五苑之蔬果者，使民有功與無功俱賞也。夫使民有功與無功俱賞者，此亂之道也。夫發五苑而亂，不如棄棗蔬而治。」（〈外儲說右下〉）

> 齊桓公飲酒醉，遺其冠，恥之，三日不朝。管仲曰：「此非有國者之恥也。公胡不雪之以政？」公曰：「善。」因發倉囷賜貧窮，論囹圄出薄罪，……使桓公發倉囷而賜貧窮，論囹圄而出薄罪，非義也，不可以雪恥使之而義也。……且夫發囷倉而賜貧窮者，是賞無功也；論囹圄而出薄罪者，是不誅過也。夫賞無功，則民偷幸而望於上；不誅過，則民不懲而易爲非，此亂之本也，安可以雪恥哉！（〈難二〉）

欲使賞罰有準，功罪相當，即令大饑，亦寧棄五苑之棗蔬，而不輕以賑濟。發困倉而賜貧窮，論囹圄而出薄罪，惠則惠矣，是賞無功而赦有罪也，焉可

行耶？韓非以功利觀點出之，反對無功行賞，貧窮者無功，故不輕發困倉以賑濟。

第四節　韓非之軍事方策

方當務力之世，各國競事富強，弱小為強大所宰割，故時主力征，皆務戰而不惜民力，韓非云：

> 國小則事大國，兵弱則畏強兵。大國之所索，小國必聽；強兵之所加，弱國必服。（〈八姦〉）

> 當今爭於力。……是以拔千丈之都，敗十萬之眾，死傷者軍之垂；甲兵折挫，士卒死傷，而賀戰勝得地者，出其小害，計其大利也。（〈八說〉）

> 戰而勝，則國安而身定，兵強而威立。……戰而不勝，則國亡兵弱，身死名息。……萬世之利，在今日之勝。（〈難一〉）

蓋強存弱亡，故戰必求勝。計其大利，謀國富兵強，則士卒死傷，甲兵折挫，特出其小害耳；猶沐者之必有棄髮，愛棄髮，則不得沐之利矣。

明於韓非之欲戰勝致強，爰推述其軍事方策如次：

一、心戰為上

兵家之勝，貴於未戰。兵法所謂：攻心為上，攻城次之。故心戰為上，兵戰為次。外而虛張威勢，內而激勵士卒，莫不以心戰為先。韓非云：

> 治民者禁姦於未萌，而用兵者服戰於民心。禁先其本者治，兵戰其心者勝。聖人之治民也，先治者強，先戰者勝。（〈心度〉）

「先戰」者，心戰也。使民習於戰爭，民心樂戰，然後可勝，此孟子所以強調「人和」，而越王句踐所以見怒蛙而式，欲激勵士氣，使勇於應敵也。

至於對外之心理戰術，韓非贊成兵不厭詐：

> 晉文公將與楚人戰，召舅犯問之曰：「吾將與楚人戰，彼眾我寡，為之奈何？」舅犯曰：「……戰陣之間，不厭詐偽。君其詐之而已矣。」……萬世之利，在今日之勝；今日之勝，在於詐敵而已。……必日出於詐偽者，軍旅之計也。（〈難一〉）

明君取信於民，以激勵戰志；而詐其敵，以嚴密軍情：此所謂心戰也。

二、地利城固

《孟子》曰:「天時不如地利,地利不如人和。」(〈公孫丑下〉) 山川險要,高城深池,為戰勝之次要條件。無險要之地勢,無堅固之工事,攻守既皆不易,難免敗亡矣。韓非云:

> 無地固,城郭惡,……無守戰之備而輕攻伐者,可亡也。(〈亡徵〉)

三、軍需充足

軍需之完備與否,每多影響戰爭之勝負。供給軍餉,不絕糧道,皆有所恃;若經援不足,攻守皆有可虞,更無論制敵戰勝矣。韓非云:

> 無畜積,財物寡,無守戰之備而輕攻伐者,可亡也。(〈亡徵〉)

四、以柔克剛

此師法老子「柔弱勝剛強」之訓言,用之於兵,又承心戰詐敵而得者,韓非云:

> 《周書》曰:「將欲敗之,必姑輔之;將欲取之,必姑予之。」(〈説林上〉)
>
> 將欲翕之,必固張之;將欲弱之,必固強之。……將欲取之,必固與之。(〈喻老〉)
>
> 大難攻,小易服,不如服眾小以劫大。(〈説林上〉)

故示柔弱,韓、趙、魏用以驕智伯,越王句踐用以驕夫差。又所謂圖難於其易,為大於其細,積眾小,雖柔亦弱,用能劫大克剛,穩操勝算也。

五、重視軍紀

語云:兵精糧足。軍需充足,則無旁顧之憂;兵士精銳,則能以一當十。欲求兵精,一則須訓練技藝,使能發揮戰力;一則須整飭軍紀,使之惟法是聽。軍紀可謂軍中之法,關係兵家成敗。韓非云:

> 國雖大,兵弱者,地非其地,民非其民也。無地無民,堯、舜不能強。(〈飾邪〉)

俞曲園氏云:「此言賞罰無紀,則國大而兵必弱。」王先慎贊允此說,則韓非所謂弱,殆謂軍紀未嚴也。重視軍紀,要在以賞罰為勸禁,使民輕敵不北,

勇於公戰；不戰則已，戰必勝矣。韓非云：

> 賞厚而信，人輕敵矣；刑重而必，人不北矣。（〈難二〉）

> （文公）曰：「然則何足以戰民乎？」狐子對曰：「令無得不戰。」
> 公曰：「無得不戰奈何？」狐子對曰：「信賞必罰，其足以戰。」（〈外
> 儲說右上〉）

六、重戰其卒

凡百戰爭，欲求得最後勝利，必不惜各項犧牲。然明君於可能範疇內，仍須重戰其卒，不作無謂之犧牲，以保持軍力，備最善之利用，方能國廣兵強。韓非云：

> 人君重戰其卒，則民眾；民眾則國廣。（〈解老〉）

> 慈於子者不敢絕衣食，慈於身者不敢離法度，慈於方圓者不敢舍規
> 矩。故臨兵而慈於士吏，則戰勝敵，慈於器械則城堅固。（〈解老〉）

除此之外，韓非力言自恃而不恃人。苟度德量力，一時無以取勝，韓非則主張不妨委曲講和，暫緩敵人攻勢，以俟良機，而免宗國淪滅之危，所謂權宜之計是也。其言曰：

> 三國兵至函，秦王謂樓緩曰：「三國之兵深矣，寡人欲割河東而講，
> 何如？」對曰：「夫割河東，大費也；免國於患，大功也。此父兄之
> 任也，王何不召公子氾而問焉？」王召公子氾而告之。對曰：「講亦
> 悔，不講亦悔。王今割河東而講，三國歸，王必曰：『三國固且去矣，
> 吾特以三城送之。』不講，三國也入函，則國必大舉矣，王必大悔
> 曰：『不獻三城也。』臣故曰：『王講亦悔，不講亦悔。』」王曰：「為
> 我悔也，寧亡三城而悔，無危乃悔。寡人斷講矣。」（〈內儲說上〉）

總之，韓非謂戰必求勝，致勝之策，要在心戰為上，謀地利城固，軍需充足。戰略上，宜以柔克剛，明賞罰以為勸禁，嚴其軍紀；又須愛惜民力，重戰士卒，以爭取最後戰果。

第六章　韓非之教育思想

　　韓非之教育思想，實即政治、經濟、軍事思想之根本，旨在培育尊君守法、勤耕力戰之民，藉法以行其統一思想教育。教育獲致功效，則政、軍、經各項建設自然圓滿達成。其說凡分四大端：尚同於法，是謂法治教育；尊君敬上，是謂尊君教育；獎勵耕戰，是謂尚武教育；非儒息文，是謂愚民教育。勵耕戰以致富強，已備敘於前，詳第五章第一節。茲論其法治、尊君、愚民三教育於后：

第一節　法治教育

　　法家以法繩民，其可貴處，全在其能以法為教育之工具，藉法以達其教育之目的。《管子》曰：「法制不議，則民不相私；刑殺毋赦，則民不偷於為善；爵祿毋假，則下不亂其上。三者藏於官則為法，施於國則成俗。」（〈法禁篇〉）行法之目的，在化民成俗，可見法治亦教育之一手段。

　　《韓非子》中每言及法之教育作用，以為民性惡自為，驕愛聽威，行法方足以教之。其言曰：

> 明主之治國也，……使民以法禁而不以廉止。母之愛子也倍父，父令之行於子者十母；吏之於民無愛，令之行於民也萬父。母積愛而令窮，吏用威嚴而民聽從。嚴、愛之筴，亦可決矣。（〈六反〉）

> 慈母之於弱子也，愛不可為前。然而弱子有僻行，使之隨師；有惡病，使之事醫。不隨師，則陷於刑；不事醫，則疑於死。……母不能以愛存家，君安能以愛持國？（〈八說〉）

> 夫嚴家無悍虜，而慈母有敗子，吾以此知威勢之可以禁暴，而德厚
> 之不足以止亂也。（〈顯學〉）

> 今有不才之子，父母怒之弗爲改，鄉人譙之弗爲動，師長教之弗爲
> 變。夫以父母之愛，鄉人之行，師長之智，三美加焉而終不動其脛
> 毛。州部之吏，操官兵，推公法，而求索奸人，然後恐懼，變其節，
> 易其行矣。故父母之愛，不足以教子，必待州部之嚴刑者，民固驕
> 於愛，聽於威矣。（〈五蠹〉）

如此一再否認德愛之感化教育，主張刑威之強制教育。蓋韓非以人性惡爲前提，確信人「各挾自爲心」，互「用計算之心以相待」（〈六反〉），德愛不足用，惟有退而求其次，勢必「道之以政，齊之以刑」（《論語》）矣。

再者，儒家每斥法家刻薄寡恩，韓非則云：「爲治者用眾而舍寡，故不務德而務法。」（〈顯學〉）意謂人類紛奪不已，受周遭環境之激刺，不勝物慾之誘惑，生而知足者殆寡，孝悌修絜者亦尠，是故教育即針對多數人而發，欲使其免於罪戾，不得不行法治教育。考其用法爲教，實出乎愛利民人之心。韓非云：

> 聖人之治民，度於本，不從其欲，期於利民而已。故其與之刑，非
> 所以惡民，愛之本也。（〈心度〉）

> 故其治國也，正明法，陳嚴刑，將以救群生之亂，去天下之禍，使
> 強不陵弱，眾不暴寡，耆老得遂，幼孤得長，邊境不侵，君臣相親，
> 父子相保，而無死亡係虜之患，亦功之至厚者也。（〈姦劫弑臣〉）

謂嚴刑明法，方足救群生之亂，去天下之禍，其理想世界，相扶相保，蓋與〈禮運大同〉所載近似，然所以致之者法也，法治實法家教育之終極目標。

既本乎愛利之心，故立法必使民易知易行，賞可爲，罰可避，旨在繩民，非陷民於刀俎也。韓非云：

> 明主立可爲之賞，設可避之罰。故賢者勸賞，而不見子胥之禍；不
> 肖者少罪，而不見傴剖背。盲者處平而不遇深谿，愚者守靜而不陷
> 險危，如此則上下之恩結矣。古之人曰：「其心難知，喜怒難中也。」
> 故以表示目，以鼓語耳，以法教心。……明主之表易見，故約立；
> 其教易知，故言用；其法易爲，故令行。（〈用人〉）

準此，法治教育要在使民知法守法，趨賞避罰，故其教貴嚴，主張厚賞重罰，以收勸善懲惡之功效。韓非云：

且夫重刑者，非爲罪人也，明主之法也。殺賊，非治所殺也；治所殺也者，是治死人也。刑盜，非治所刑也；治所刑也者，是治胥靡也。故曰重一姦之罪，而止境內之邪，此所以爲治也。重罰者盜賊也，而悼懼者良民也，欲治者奚疑於重刑！若夫厚賞者，非獨賞功也，又勸一國。受賞者甘利，未賞者慕業，是報一人之功，而勸境內之民也，欲治者奚疑於厚賞！（〈六反〉）

綜上而觀，韓非固承認教育之必要及其功用，然其教育所挾持之工具厥爲法，法教貴嚴，實出於愛利之心。至其實施教育之人，既非通人碩學，亦無取德高望重，惟委諸現職官吏，教課不講學理，僅解釋法律條文。韓非云：「明主之國，無書簡之文，以法爲教；無先王之語，以吏爲師。」（〈五蠹〉）如此將一切教育悉納入「官立法政專門學校」之中。且實際教育，並不在學校，舉凡官廳、軍隊、監獄，皆實行教育之主要場所。（說本梁啓超《先秦政治思想史》。）如此，法既所以爲治，又用爲勸禁，終而化民成俗，達到「法即教育，教育即法」之境界。

第二節　尊君教育

尊君明法，爲法家學說要旨。昔齊桓定霸，非尊王攘夷不爲功，專制政體，君權獨擅，尊君實其要圖。君尊而後令行禁止，誠欲貫徹其法，必使臣民尊君。故韓非之教育思想，以法爲教而外，即欲培育尊上從令之民。

君主爲一國安危治亂之所繫，其位不可不尊，其勢不能不重，是以韓非言君獨擅勢，權不下共；又主張君獨用術，以潛御群臣。天下一力向心共戴一君，君若桴，臣若鼓，如響應聲，如影隨形，君與臣，貴能相應，其勢如此，爲臣者必忠貞無二，惟君命是從，竭智盡能以事之。韓非云：

人主者，天下一力以共載之，故安；眾同心以共立之，故尊。人臣守所長，盡所能，故忠。以尊主御忠臣，則長樂生而功名成。……人主之患，在莫之應，……故曰：「至治之國，君若桴，臣若鼓，技若車，事若馬。」故人有餘力易於應，而技有餘巧便於事。（〈功名〉）

韓非於人臣所以尊君之道，言之頗詳。其要在利君：謂君臣利異，然而君尊國安，君之利即國之利，故爲臣者，必先利君而後利己，先利國後利家，方爲公忠無私。韓非云：

田鮪教其子田章曰：「欲利而身，先利而君；欲利而家，先利而國。」
（〈外儲說右下〉）

此父教子以尊君之道也。

韓非又謂：「臣事君，子事父」為天下常道，為臣者盡忠，即當尊君以治
國。人主雖不肖，臣不敢侵；臣子雖賢，惟君之所用。其言曰：

臣之所聞曰：「臣事君，子事父，妻事夫，三者順則天下治，三者逆，
則天下亂。」此天下之常道也，明王賢臣而弗易也。則人主雖不肖，
臣不敢侵也。（〈忠孝〉）

父之所以欲有賢子者，家貧則富之，父苦則樂之。君之所以欲有賢
臣者，國亂則治之，主卑則尊之。今有賢子而不為父，則父之處家
也苦。有賢臣而不為君，則君之處位也危。（〈忠孝〉）

以是，即使暴君憑勢以亂天下，韓非仍主尊君，而反對暴君可誅之說，甚而
以堯、舜禪讓與湯、武征誅為貪得暴亂。抑有進者，人臣不惟不可侵君，即
輕加以間接之評論，亦在所不容；至謂譽先王，即所以誹時君，頗有箝制輿
論之意。其言曰：

堯、舜、湯、武，或反君臣之義，亂後世之教者也。堯為人君而君
其臣，舜為人臣而臣其君，湯、武為人臣而弒其主，刑其尸，而天
下譽之，此天下所以至今不治者也。（〈忠孝〉）

舜偪堯，禹偪舜，湯放桀，武王伐紂。此四王者，人臣弒其君者也，
而天下譽之。察四王之情，貪得之意也；度其行，暴亂之兵也。（〈說
疑〉）

為人臣常譽先王之德厚而願之，是誹謗其君者也。……故人臣毋稱
堯、舜之賢，毋譽湯、武之伐，毋言烈士之高，盡力守法，專心於
事主者，為忠臣。（〈忠孝〉）

蓋韓非主張絕對主權論，故毋論君臣之賢不肖，君主享無上之權利，人臣盡
無限之義務，理自宜然。

韓非於〈有度篇〉論「賢臣之經」，具道人臣事君之規條如次：

賢者之為人臣，北面委質，無有二心。朝廷不敢辭賤，軍旅不敢辭
難；順上之為，從主之法，虛心以待令，而無是非也。故有口不以
私言，有目不以私視，而上盡制之。為人臣者，譬之若手，上以修

頭，下以修足；清暖熱寒，不得不救；鏌鋣傳體，不敢弗搏。無私
賢哲之臣，無私智能之士。……今夫輕爵祿，易去亡，以擇其主，
臣不謂廉。詐說逆法，倍主強諫，臣不謂忠。行惠施利，收下爲名，
臣不謂仁。離俗隱居，而以非上，臣不謂義。外使諸侯，內耗其國，
伺其危亡，險陂以恐其主，……卑主之名以顯其身，毀國之厚以利
其家，臣不謂智。……古者世治之民，奉公法，廢私術，專意一行，
具以待任。（〈有度〉）

準此，賢臣不辭卑賤，不畏險難，順上從法，忠貞無二。不輕去亡，不詐說
強諫，不行惠收下，不離俗非上，不耗國利家。總之，賢臣乃「奉公法，廢
私術，專意一行，具以待任」，唯君命是從，以尊君保國者也。故培育尊君保
國之賢臣，乃韓非尊君教育之極致。

　若夫人民之尊君教育，韓非欲使之重命、畏事、寡聞、從令。其言曰：

寡聞、從命，全法之民也，……重命、畏事，尊上之民也。（〈六反〉）

全法尊上，即尊君明法；民而如此，則國治矣。蓋君國重器，莫重於令，令
重則君尊，君尊則國安；令輕則君卑，君卑則國危。韓非既欲人民尊君從令，
故主張勢不足化則除之，贊許太公望之誅殺狂矞、華士（見〈外儲說右上〉），
又謂清逸賢良之民，不能從令，則人主無所用焉，非所教於民也。韓非云：

若夫許由、續牙、晉伯陽、秦顛頡、衛僑如、狐不稽、重明、董不
識、卞隨、務光、伯夷、叔齊——此十二人者，皆上見利不喜，下
臨難不恐，或與之天下而不取，有萃辱之名，則不樂食穀之利。夫
見利不喜，上雖厚賞，無以勸之；臨難不恐，上雖嚴刑，無以威之。
此之謂不令之民也。（〈說疑〉）

總之，韓非之尊君教育，於君，則欲其擅勢術以行法；於臣，則欲其忠貞不
二，惟君命是從；於民，則欲其能尊上從令，賞行禁止。尊君教育實法治教
育之貫徹，亦法家臨民之必然要求。

第三節　愚民教育

　韓非權衡老子歸眞返樸之旨，欲民專一從法，不事文學，行箝制思想之
愚民教育。其理由有二：一則時代動亂，異說不可不一。蓋戰國之時，諸子
蠭起，異說紛紜，深慨是非淆亂，賞譽不一，故指斥愚誣，抨擊百家，欲定

一尊，實行法治。韓非云：

> 夫是墨子之儉，將非孔子之侈也；是孔子之孝，將非墨子之戾也。……
> 夫是漆雕之廉，將非宋榮之恕也；是宋榮之寬，將非漆雕之暴也。
> 今寬廉、恕暴俱在二子，人主兼而禮之。自愚誣之學、雜反之辭爭，
> 而人主俱聽之。故海內之士，言無定術，行無常議。……今兼聽雜
> 學，繆行同異之辭，安得無亂乎！（〈顯學〉）

> ……姦偽無益之民六，而世譽之如彼；耕戰有益之民六，而世毀之
> 如此，此之謂六反。（〈六反〉）

> 守法固，聽令審，則謂之「愚」。敬上畏罪，則謂之「怯」。言時節，
> 行中適，則謂之「不肖」。無二心、私學，聽吏從教者，則謂之「陋」。……
> 有令不聽從，謂之「勇」。無利於上，謂之「愿」。寬惠行德，謂之
> 「仁」。……私學成群，謂之「師徒」。……言大不稱而不可用，行
> 而乖於世者，謂之「大人」。賤爵祿，不撓上者，謂之「傑」。……
> 上宜禁其欲，滅其迹，而不止也；又從而尊之，是教下亂上以爲治
> 也。（〈詭使〉）

由於賞譽不一，故耕農實府庫，而刻畫爲末作者富；戰士顯功名，而優笑酒
徒乘車衣絲；法術之士無由得進，而近習重人、行姦宄者數御。此韓非所以
憤慨，而欲思想之統一也。

次則百姓愚惰，民智不可聽用。謂民皆闇於事，不能犯苦致利，因小而
失大，未可與言治，爲政而期適民，惟有亂耳。商君云：「民不可與慮始，而
可與樂成。」（《史記·商君列傳》）此之謂也。韓非云：

> 民智之不可用，猶嬰兒之心也。夫嬰兒不剔首則復痛，不副痤則寖
> 益。剔首副痤，必一人抱之，慈母治之，然猶啼呼不止，嬰兒不知
> 犯其所小苦，致其所大利也。今上急耕田墾草，以厚民產也，而以
> 上爲酷；修刑重罰，以爲禁邪也，而以上爲嚴。徵賦錢粟，以實倉
> 庫，且以救饑饉，備軍旅也，而以上爲貪。境內必知介而無私解，
> 並力疾鬥，所以禽虜也，而以上爲暴。此四者，所以治安也，而民
> 不知悅也。……故舉士而求賢智，爲政而期適民，皆亂之端，未可
> 與爲治也。（〈顯學〉）

> 民愚而不知亂，上懦而不能更，是治之失也。……是以愚戇窳惰之

民，苦小費而忘大利……貤小變而失長便。（〈南面〉）

於是韓非倡言治世無辯。以爲百姓言行悉準於法，方足爲治，否則聽其飾智辯說，必亂法非上，無以爲教：

> 聖智成群，造言作辭，以非法措於上。上不禁塞，又從而尊之，是教下不聽上，不從法也。（〈詭使〉）

> 明主之國，令者，言最貴者；法者，事最適者也。言無二貴，法不兩適，故言行而不軌於法令者，必禁。……是以愚者畏罪而不敢言，智者無以訟，此所以無辯之故也。（〈問辯〉）

綜上而觀，韓非鑑於戰國是非淆雜，賞譽失準，加以民智愚闇，辯說亂國，欲由教育紮根，培育尊君守法，勤耕力戰之民，從而統一思想，使民唯君是尊，唯法是從，務稼穡而勇公戰，故毅然實行愚民教育，職是之由。

韓非愚民教育之實施方法，要點有二：

（一）抑儒墨，非道名

韓非講求實利，主張教育必出有用，故抑制儒、墨，非詆道、名：

> 國平養儒俠，難至用介士，所利非所用，所用非所利。是故服事者簡其業，而游學者日眾，是世之所以亂也。（〈五蠹〉）

> 是以儒服、帶劍者眾，而耕戰之士寡，堅白、無厚之詞章，而憲令之法息。（〈問辯〉）

> 世之所爲烈士者，離眾獨行，取異於人，爲恬淡之學，而理恍惚之言。臣以爲恬淡、無用之教也，恍惚、無法之言也。言出於無法，教出於無用者，天下謂之察。臣以爲人生必事君養親，事君養親不可以恬淡；人生必言論忠信法術，言論忠信法術不可以恍惚。（〈忠孝〉）

謂道家恬淡恍惚，乃無法無用；名家飾詞辯說，妨令害法。而儒、墨明據先王，必定堯、舜，無參驗而必，弗能必而據，實愚誣之學，雜反之行。甚者儒以文亂法，俠以武犯禁，人主兼禮之，則所養非所用，足以亂法禁而害耕戰。是道、名、儒、墨皆不切功用，焉可以爲教；欲定法一尊，不得不排斥諸家，行愚民之教。

（二）燔詩書，禁文學

韓非以爲文學之士（按即指儒者）聚徒講學，稱仁義、道先王、重辯智、輕實用，不切事功。舉凡離法、疑法、亂法，皆由事文學之故。其言曰：

好辯説而不求其用，濫於文麗而不顧其功者，可亡也。（〈亡徵〉）

今世之談也，皆道辯説文辭之言，人主覽其文而忘其用。墨子之説，……若辯其辭，則恐人懷其文，忘其用，直以文害用也。（〈外儲説左上〉）

儒以文亂法，俠以武亂禁，……夫離法者罪，……故行仁義者非所譽，譽之則害功。工文學者非所用，用之則亂法。（〈五蠹〉）

錯法，以道民也，而又貴文學，則民之師法也疑。……夫貴文學以疑法，……索國之富強，不可得也。（〈八説〉）

學道、立方，離法之民也，而世尊之曰：「文學之士。」（〈六反〉）

再者，修文學、習言談，勢必惰耕戰之功，大悖法治，國無由富強，終至削弱敗亡。（已詳第五章第一節）故韓非力主燔詩書，禁文學。其言曰：

商君教秦孝公，……燔詩書而明法令；塞私門之請，而遂公家之勞；禁游宦之民，而顯耕戰之士。（〈和氏〉）

息文學而明法度，塞私便而一功勞，此公利也。（〈八説〉）

韓非以為儒者工文學，怠耕戰，空談無術，徒滋擾亂而已。議政風熾，乃行法之大礙，故倡明法息文之説；欲百姓寡聞從令，重命畏罪，無二心私學，但從吏習法，嫻知政令為已足。實則韓非之所謂文學，汎指文士之所研究、儒者之所講習，有關學術之充實、智慧之啓迪、德行之感化，今欲一概抹殺之，因噎廢食，寧非自殺政策！夫焚書禁學之議，始作俑者為商鞅，韓非從而和之，爾後秦皇見諸實行，卒亡其國，宜矣。

第七章　韓非學術思想之評價

第一節　韓非學術思想之得失

　　歷來評《韓非子》者，多斥其剽剝儒術，廢棄仁義，殘刻寡恩。《史記》本傳云：「其極慘礉少恩，」後之說者，意頗近似：

> 執轡非其人，則馬奔馳；執軸非其人，則舩覆傷，昔吳使宰嚭持軸而破其舩，秦使趙高執轡而覆其車。今廢仁義之術而任刑名之徒，則復吳、秦之事也。（漢・桓寬《鹽鐵論・刑德篇》）

> 申、韓之術，不仁至矣，若何牛羊之用人也！（漢・揚雄《法言》）

> 韓子之術，明法尚功。……禮義在身，身未必肥；而禮義去身，身未必瘠而化衰。以謂有益，禮義不如飲食。使韓子賜食君父之前，不拜而用，肯為之乎？夫拜謁，禮義之效，非益身之實也。……夫儒生，禮也；耕戰，飲食也。貴耕戰而賤儒生，是棄禮義求飲食也。……夫治人不能捨恩，治國不能廢德，治物不能去春，韓子欲獨任刑用誅，如何！（漢・王充《論衡・非韓篇》）

> 仁義之道，起於夫婦、父子、兄弟相愛之間；而禮樂刑政之原，出於君臣、上下相忌之際。……老聃、莊周論君臣、父子之間，汎汎乎若萍遊於江湖而適相值也。夫是以父不足愛，而君不足忌。不忌其君，不愛其父，則仁不足以懷，義不足以勸，禮樂不足以化。……商鞅、韓非求為其說而不得，得其所以輕天下而齊萬物之術，是以敢為殘忍而無疑。今夫不忍殺人而不足以為仁，而仁亦不足以治

民，則是殺人不足以爲不仁，而不仁亦不足以亂天下。如此，則舉天下唯吾之所爲，刀鋸斧鉞，何施而不可？（宋·蘇軾《東坡集·韓非論》）

於其死秦，亦以首凶德之咎，理自宜然，而未曾或之恤：

韓非非先王而不遵，舍正令而不從，卒蹈陷穽，身幽囚，客死於秦，本夫不通大道而小辯，斯足以害其身而已。（漢·桓寬《鹽鐵論·刑德篇》）

以疎遠一旦說人之國，乃欲其主首去貴近，將誰汝容耶？送死秦獄，愚莫與比。（宋·黃震《黃氏日鈔》）

嗚呼！非之爲〈說難〉，非之所以死也。⋯⋯非之術固後世功名之士所陰挾以結主取濟者，非獨以發其覆而爲禍首，豈不悲哉！（清·梅曾亮《柏梘山房文集·書韓非傳後》）

非之咎，在好持高論，實不能行其所言。而〈說難〉則本誦師說，非其自作，故背棄尤甚。卒所以不能自脫者，其本不足也，非烏得爲智士哉！（清·吳汝綸《文集·讀韓非子》）

雖然，韓非之學術思想果皆離理失術，無可取裁乎？竊以爲其說歷二千年而不廢，必有其不可磨滅者在。明門無子嘗云：「誠汰其砂礫，而獨存其精英，則其於治道，豈淺鮮哉！」（刻《韓子迁評》序）可謂知言。茲不揣愚陋，略舉數則，試論其得失如次：

一、韓非之進化歷史觀

儒家注重縱線承襲，故則古稱先，祖述堯舜，憲章文武；法家注重橫面剖析，故變昔是今，因時制宜，不法常可。韓非發揮荀子法後王之理論，推衍商君進化之歷史觀，以完成其系統之歷史進化哲學。以爲歷史常變，社會進化，必「論世之事，因爲之備」，方能應合時宜，裨益人生；因菲薄儒家之託古改制，其說固言之成理，急於世用。

惟韓非進化歷史觀之立論根據，本基於人性自利。以爲上古競德，今世爭力，皆由環境使然，確信「上古之淳風，不能掩人性之本惡；後世之爭奪，適以證民之不足爲善。君主專制誠爲治平亂世必要之政體。」（蕭公權《中國政治思想史》）其說肯定人性之惡，純爲消極性之破壞，遠不如孟子性善論之

富於勸誘啓發。韓非又背棄師教，不知循禮立本以匡俗濟世，此忽略高深博大處。漢・王充《論衡》有云：

> 治國之道，所養有二：一曰養德，二曰養力。養德者，養名高之人，以示能敬賢；養力者，養氣力之士，以明能用兵。此所謂文武張設，德力且足者也。……夫德不可獨任以治國，力不可直任以御敵也。韓子之術不養德，偃王之操不任力，二者偏駁，各有不足。偃王有無力之禍，知韓子必有無德之患。……夫世不乏於德，猶歲不絕於春也。……天地不為亂歲去春，人君不以衰世屏德。……周穆王之世，可謂衰矣，任刑治政，亂而無功。甫侯諫之，穆王存德，享國久長，功傳於世。夫穆王之治，初亂終治，非知昏於前，才妙於後也，前任蚩尤之刑，後用甫侯之言也。夫治人不能捨恩，治國不能廢德，治物不能去春，韓子欲獨任刑用誅，如何！（〈非韓篇〉）

治國須德力兼用，始能富強持久。而韓非截然畫德力為二事，確認今古所尚不同，雖有其時代因素，要不免失之淺近。錢賓四先生評韓非之歷史觀云：

> 歷史有變亦有常，荀子主通統類，明百王之道貫，老子主執古之道以御今之有，皆未嘗抹殺歷史。歷史之變，亦不能專就物質經濟生活一方面著眼。（《中國思想史》）

謂歷史有變亦有常，即韓非但知其變而不知其常，一語道中韓子深病。韓非曰：「名正物定，名倚物徙。」（〈揚搉〉）又曰：「靜則知動者（之）正。」（〈主道〉）欲由社會靜態，進而深究社會動態，以為人類社會變動不居，往昔舉不足法，惟切時論事，因應制宜而後可。然切時制宜，毫不因襲，是猶枝葉繁茂，棄根幹則枯槁，無本之術，焉能行之久遠？歷史自有其一貫常理在，若三綱五常，人倫道德等，蓋殷因於夏，夏因於殷，斯民所以直道而行，萬古恆新，四海皆準者也。且治亂興廢，古今一理，誠能知所取裁，何常古之不足法哉！

　再者，韓非之進化歷史論，倡言物質生活決定一切。以為易財重爭，微仁鄙之分；辭讓爭奪，無高下之別，悉視物質條件而為斷。（詳〈五蠹篇〉）今審社會之演進，物質誠為重要因素，然絕非唯一要件。人之稟性，重精神而輕物質，社會之所以進化，全由於人類非僅求物質生活之充實，更謀精神文明之發展，此理自彰著，無庸費辭。觀于此，則韓非之歷史進化觀固有真實之一面，而以偏概全，立論實不無小疵焉。

二、韓非之參伍督責術

韓非取形名爲人君督責之術，重實驗，尚功用，爲歷來治《韓非子》者
所樂道。馮友蘭氏謂其富哲學趣味，乃以簡馭繁，以一御萬之術：

> 法家所講之術，爲君主駕御臣下之技藝。其中之較有哲學興趣之一
> 端，爲綜核名實。蓋應用辯者正名實之理論於實際政治者也。……
> 法家之正名實，乃欲「審合形名」，使是名也，必有是實也……所謂
> 「君操其名，臣效其形」也。此以簡御繁，以一御萬之術也。所謂
> 「聖人執一以靜，使名自命，令事自定」也。（《中國哲學史》）

胡適之先生更標實驗主義、功用主義爲韓學特色。（《中國哲學史大綱》上冊）
近人李伯鳴氏亦謂其「以實踐之檢證，而確定知識之眞僞，從官職與功伐之
實踐效果，而判別賢否智愚。」此實踐與功利主義極富科學實驗精神。（〈韓
非及其學術思想〉，《聯合書院學報》二期）由是觀之，韓子之重參驗，實其
學術思想之一大創獲。吾人治學而重參驗，則歸納條分，言必有據；治國而
行參伍，則綜覈考核，事皆有準。誠能折衷於韓子，於治學治國不無裨益焉。

雖然，韓非之參伍督責術，賞罰進退一以功罪爲準，致遠而泥，甚至罪
加典冠，刑殺不辜，反對賑濟，獎勵告姦，則其缺失也。王雲五氏評罪加典
冠爲不近人情，云：

> 依現代之刑事學，凡加害他人而出自惡意者始爲罪，其非出自惡意
> 者免刑，或減刑；至若出於善意，且未嘗加害者，賞猶不暇，更何
> 得加之罪？今觀上所舉例，（素貞案〈二柄篇〉：以爲不當名之害，
> 甚於有大功，故罰。昭侯醉而寢，典冠加之衣，因兼罪典衣與典冠。）
> 對於完全出自善意之典冠者，既無絲毫損害於昭侯，且可免其受寒，
> 竟以越職而加誅殺，如此執法，誠大悖人情。韓非竟贊同是舉，其
> 距離現代之法治思想，眞不可以道里計。吾無以名之，名之曰：不
> 近人情之嚴刑而已。（《先秦政治思想》）

蓋韓非注重名實，名實不當，爲法治之大忌。典冠加衣，罪在越官，故不察因
由，斷然罰之。然徒法而昧於人情，未免流於機械，所謂「慘礉寡恩」是已！

其次，韓非以爲嚴穴之士，雖孝廉賢智，不爲上用，即爲無益之民，遂
贊譽太公望之誅殺狂矞、華士。蓋衡之功用，民既未能尊上從令，則妨礙法
治，故不惜誅殺之，忘其爲「刑殺不辜」，與法治精神相悖也。是所謂「以子
之矛，攻子之盾」，使韓子復生，亦必結舌而莫辯矣。《論衡》已早論及：

> 狂譎（喬）、華士之操，干木之節也，善太公誅之，非也。……太公
> 不誅二子，齊國亦不皆不仕。何則？清廉之行，人所不能爲也。夫人
> 所不能爲，養使爲之，不能使勸；人所能爲，誅以禁之，不能使止。
> 然則太公誅二子，無益於化，空殺無辜之民。賞無功，殺無辜，韓子
> 所非也。太公殺無辜，韓子是之，以韓子之術殺無辜也。（〈非韓篇〉）

又韓非之參伍督責術運用於財經政策，則反對賑濟。以爲貧窮由於怠惰奢侈，
賑濟貧窮，即無以獎勵農耕；雖遇饑饉，亦不得輕施賑濟，必使饑民有功而
後賞之，否則無功加賞，足亂法紀。今審貧窮之由，何止怠侈？誠得其情，
濟貧助困，可使民心歸附，人君施小惠而得大利，於法治何礙？而韓子爲貫
徹法禁，不繩外市恩，謂貧窮不勝賑濟，猶可得而說也；至如饑荒之歲，民
不聊生，將賑濟之不暇，何得按功而行賞？使腐財盈庫，坐視喪亡而不救，
誠悖逆天理，違反人情，斷斷與民爭利，亦不免狹隘。故韓非之反對賑濟，
雖其旨在策民勤儉，然一味泥於功利而漠視德化，亦非長治久安之策。

再者，韓非督責之術，欲伺察臣姦，獎勵告發，使天下盡爲耳目。《論衡》
亦有所譏議：

> 夫法度明，雖不聞姦，姦無由生。法度不明，雖日求姦，決其源，障
> 之以掌也。……使法峻，民無姦者；使法不峻，民多爲姦。……不教
> 所以防姦，而非其不聞知，是猶不備水之具，而徒欲早知水之溺人也。
> 溺於水，不責水而咎己者，己失防備也。然則人君劫於臣，己失法也。
> 備溺不關水源，防劫不求臣姦，韓子所宜用教己也。（〈非韓篇〉）

謂明法爲本，察姦爲末，峻法足以防姦杜亂，何斷斷於伺察臣姦乎！今觀韓
非之意，實欲法術並用，苟能明法清本，察姦杜亂，則國無不治，故兼行之。
王氏之論，不能掩韓子之口也。韓非之術，陰謀雜用，欲已亂於未萌，每多
不擇手段，既非中材之主所能爲，亦多足以破壞法治者，然皆持說有故，言
之成理。至其告姦相坐之策，雖使臣下不敢爲非，而民免無恥，人人自危，
相互猜忌，釀成恐怖政策，安可躋於郅治乎！

三、韓非之尊君愚民說

韓非尊君抑民，完成君主專制之理論。秦法襲之，建立中央集權之君主
帝國，後代帝王利而用之，演成兩千餘年之專制政體，影響不可謂不深重矣。
其尊君愚民說之得失，可具論如次：

一曰、明君難得

韓非尊君,蓋尊其所處之權位,劃私人道德於政治領域之外,君主成為政治上之最高準的,君主代表國家,一切以君國之利益為依歸。而其所謂抱法處勢之中主,綜而觀之,殆亦為特具才智之明君。蕭公權氏以為細察韓子所謂「中主」,其難能可貴實不亞於堯、舜,商、韓摒仁棄義而不悟明君難得,乃流為殘忍而無疑;不如西哲之能以可守之良法,替代不可期之明君,蔚成憲政之理論,良可痛惜。其言曰:

> 韓子所謂中主,就其論法術諸端察之,殆亦為具有非常才智之人。身居至高之位,手握無上之權,而能明燭群姦,操縱百吏,不耽嗜好,不阿親幸,不動聲色,不撓議論,不出好惡,不昧利害。如此之君主,二千餘年之中,求其近似者寥寥無多,屈指可數。其難能可貴殆不亞於堯、舜。……昔柏拉圖論治,先立哲君專制之理想,旋審其事實上為不可能,乃更立法治之政體,欲以可守之良法,代不可期之明君。後此幾經發展,乃蔚為近代憲政之理論與實施。商、韓則認仁義無用而不悟明君難得,於是發為君本位之法治思想,徒為後世梟雄酷吏開一法門,而卒不能與孔、孟爭席,就此一端而論,其智殆在柏拉圖之下矣。(《中國政治思想史》)

則韓子之所謂中主,固持論高而未見諸實行,王雲五氏有言:「韓非未嘗從事於實際政治,僅因憤世疾俗,憑一己之主觀,認為救亡與敵強之道,當如是如是。任何事未經實驗,縱使其理想如何高超,能否推行,尚不敢必。」(《先秦政治思想》)亶其然乎!

二曰、尚法無法

梁任公於《先秦政治思想史》中,曾慨論法家之立法權未能正本清源。今按管子尚知教人君自身守法,「至商、韓言法,則人君之地位超出法上。其本身之守法與否,不復成為問題,而惟務責親貴之守法。君主專制之理論至此遂臻成熟,而先秦『法治』思想去近代法治思想亦愈遼遠矣。」(蕭公權《中國政治思想史》)韓非言法,立法權操之於君,法之興廢悉由君心出,此法果「合法」乎?社會變遷,法與時移,人君制定新法,亦能「合法」乎?如此,韓子不免「尚法而無法」,與慎到同譏也。

三曰、立論無據

　　韓非尊君抑民，尊君之極，則主愚民，欲百姓無知無求，尊上從令，勤耕力戰。遂主張箝抑思想，控制言論，爲後世所詬病。

　　韓非愚民說之立論基礎，曰民智如嬰兒。梁任公評之云：

> 民果皆嬰兒乎？果常嬰兒乎？使民果皆嬰兒也，須知人類不甚相遠，同時代同環境之人尤不能相遠。民既嬰兒，則爲民立法之人亦嬰兒，何以見彼嬰兒之智必有以愈於此嬰兒，彼立法而此不容議也。使民果常嬰兒也，則政治之用，可謂全虛。……彼宗以治者與被治者爲畫然不同類之兩階級。謂治者具有高等人格，被治者具有劣等人格。殊不知良政治之實現，乃在全人類各箇人格之交感共動互發而駢進。故治者同時即被治者，被治者同時即治者，而慈母嬰兒，實非確喻也。（《先秦政治思想史》）

君與民，其智相去無幾，韓非劃治者與被治者爲不同類之兩階級，誠屬悖理；在人類心理論上，已失其根據。

　　韓非愚民說之另一前提，則爲治世無辯。〈問辯篇〉云：

> 或問曰：「辯安生乎？」對曰：「生於上之不明也。」問者曰：「上之不明，因生辯也，何哉？」對曰：「明主之國，令者、言最貴者也，法者、事最適者也。言無二貴，法不兩適，故言行而不軌於法令者必禁。若其無法令，而可以接詐應變，生利揣事者，上必采其言而責其實。言當則有大利，不當則有重罪。是以愚者畏罪而不敢言，智者無以訟，此所以無辯之故也。（〈問辯〉）

王雲五氏於其《先秦政治思想》中評之曰：「這一段文字，明示韓非主張控制言論，與上一段主張漠視民意（案指〈顯學篇〉民智不足用），殊途同歸，無非爲獨裁政治張目。」蓋韓非欲實現專制政體，故不貴民智，強力止辯，欲掩其口，塞其耳，使民唯尊君是務，不期立論悖理違情，徒爲獨裁政治奠基，未能因勢利導，益智啓聖也。

四曰、人物等夷

　　愚民之極，則一切以國家公利爲依歸，期人人能勤耕力戰，儉樸敦實，爲國效忠，而忽略箇性之發展。梁任公云：

> 其結果，則如陶之冶埴，千器萬器，同肖一型，箇人之箇性，爲國家吞滅淨盡。（《先秦政治思想史》）

既人物等夷，其於抒發性靈，吟咏情性之文學，舉凡儒者、學者之所講習，

一概拒斥，究其極，勢必卑蔑人性，輕視文化。章太炎先生曰：

> 韓非有見於國，無見於人；有見於群，無見於孑。政之弊，以眾暴寡，
> 誅嚴穴之士；法之弊，以愚割智，「無書簡之文，以法為教；無先王
> 之語，以吏為師。」（〈五蠹〉）……「不逆天理，不傷情性。」（〈大
> 體〉）人之求智慧辯察者情性，文學之業可絕耶？（《國故論衡‧原道》）

所謂「無見於人」，「無見於孑」，道中韓非「人物等夷」之病根。錢賓四先生
亦云：「韓非殆僅知有政治，而不知有文化。」（《中國思想史》）蕭公權氏剖
析其軍國主義之終極云：

> 然商、韓之重耕戰，幾乎欲舉一國之學術文化而摧毀掃蕩之，使政
> 治社會成為一斯巴達式之戰鬥團體。（《中國政治思想史》）

總之，韓非為欲實行政軍合一之專制政體，重君國，輕臣民，尚法禁，棄詩
書，雖持說有故，立論不免偏頗，妨礙文明之進步，損傷文化之延續；功不
抵過，為千載所訾議宜矣。

第二節　韓非學術思想之價值

韓非學術思想之本身既不無缺失，而自來論者又尊儒賤法，故每多非難
之辭，甚者指為亂亡之術：

> 商、韓之術，用之使秦強，不知正乃所以速其亡者。（清‧盧文弨〈書
> 韓子後〉）

> （吳）起、（商）鞅、（韓）非、（李）斯，舉皆不得其死，……然則
> 聖人之術，固不足以保天下，而適足以喪其身家者耶？嗚呼異矣，
> 此真亂天下之術也。（清‧王棻〈書韓非子後〉）

> 為國用老，足以修養生息；用韓則遂亡而已矣。（清‧陳祖范《司業
> 文集‧讀韓非子》）

> 余以為二子（申、韓）之徒，但可以為臣，而不可以為相；可以從
> 命，而不可以為命。使其遇堯、舜、湯、武法度修明之世，則為股
> 肱之良；其在桓、文、孝公之時，亦足以治兵力農而營富彊；使其
> 遇始皇、二世，直喪亡之雄耳。（明‧陳深〈韓子迂評序〉）

惟韓非之書，歷數千載而靡廢，必有其政治歷史上之實際效用與學術價值，
吾人董理遺文，是其是而非其非，不宜因其立說間有偏激，而一概抹煞之也。

　　嘗求韓非學術思想發生之由，蓋即《淮南子・要略》所謂：諸子之學，皆起於救世之弊，應時而興者。奉新熊翰叔先生謂韓非不過救韓圖存，權為一時之計：

　　　　救韓圖存，參諸成憲，以冀幸於一振者，韓非也。故曰治世之務，急者不得，則緩者非所務也。尚論者不知彼固所以為一時之計，因以慘礉而少之，豈所謂知人論世者歟！（《果庭文錄・商君兵農政策之檢榷》）

此說原其著書動機，誠為知言。馮友蘭氏亦謂韓非應世立說，志在救世之急：

　　　　蓋當時國家社會，範圍日趨廣大，組織日趨複雜。舊日「用人群之道」已不適用，而需要新者。韓非之徒，以為「立法術，設度數，」足以「利民萌，便眾庶，」不「避死亡之害，」鼓吹新「用人群之道，」亦積極救世之士也。（《中國哲學史》）

清・俞樾嘗以時代之異，作為政寬嚴之辨，賦予韓子時代之價值，說最公允：

　　　　嗟乎，後世之天下，能遂如大庭庸成之世乎？不能也。……智久不用，人有餘智；勇久不用，人有餘勇。鬱之也深，畜之也固，其發之也愈烈，而申、韓之徒出其間矣。吾觀漢初曹參用蓋公言，清靜無為，文、景因之，而閭閻富溢，無復限制。武、宣之世，乃復尚嚴。夫文、景之後，不能不為武、宣；則知老、莊之後，不能不為申、韓也。（《春在堂文集・申韓論》）

由是觀之，韓非之學術思想固由時代環境使然，又知其旨在救亡匡俗，致富圖強；姑不論其完善與否，心存君國，未可厚非。至其反應時代潮流，立議建制，勇於創新，今人傅隸樸氏許其為「政治思想革命者」（《國學概論》），韓非學說之所以見重於後世，亦以其有此勇猛創新之精神也。

　　《史記・老子韓非列傳》云：「韓子引繩墨，切事情，明是非。」寥寥數語，道盡韓學特色。蓋其說辯析入微，彌綸周密，堪濟儒術之不足。《漢書・元帝紀》載宣帝之言曰：

　　　　漢家自有制度，本以霸王道雜之，奈何純任德教，用周政乎！

蓋儒學末流，失之迂闊，法家所長，信賞必罰，以輔禮制，故漢室雖罷黜百家，獨尊孔子，然陽儒陰法，重德治而不廢法治，是韓非學術思想有補於治道之證明。《三國志・魏志・杜畿傳》載杜恕上疏云：

　　　　今之學者，師商、韓而上法術，競以儒家為迂闊，不周世用。

《諸葛亮集》載先主遺詔勑後主曰：

> 閑暇歷觀諸子及《六韜》、《商君書》，益人意智，聞丞相（諸葛亮）
> 爲寫《申》、《韓》、《管子》、《六韜》一通已畢。未送道亡，可更自
> 求聞達。（《蜀志‧裴注》引）

三國多事之秋，治國者擇務從事，韓非之書正所以救急世，故諸葛孔明取之
以濟儒雅。王船山《讀通鑑論》，以爲魏、蜀皆重申、韓之術，是也。《北史‧
蘇綽傳》云：

> 周文留綽至夜，指陳帝王之道，兼述申、韓之要，達旦不厭。

足見韓非學說確有其實際效用，且爲治國者所深喜。

晚近學者，頗能以新近政法思想，予韓子以客觀之評價，陳啓天氏所論，
最爲精切：

> 其書在中國文學史上之價值，猶其小焉者。而其最大之價值，則爲其
> 學說在中國政治思想史上之地位甚爲重要也。⋯⋯自有是書，而後列
> 國生存於戰國時代者，有所師法矣；自有是書，而後中國封建政治進
> 入君主政治之理論確立不移矣；自有是書，而後秦得依其理論，以結
> 束戰國，完成一統，爲中國奠定一新基矣。由漢以來，是書在政治思
> 想上之價值，雖不甚爲學人所推尊，然每當鼎革之際，其能由紛爭而
> 復歸於一統者，實賴有政治家實際應用其學說也。故若明於韓非子之
> 學術，不惟可知戰國時代之思想主潮，即兩漢以迄清末政治思想之伏
> 流，亦可略識其消息焉。（〈韓非子參考書輯要‧自序〉）

謂韓非學術思想爲當時列國所師法，奠定強秦一統之新基，影響深入，每爲
歷代政治家所取用，其於中國政治思想上之地位，得陳說而大明。

竊謂爲政之道，宜德、禮與刑、法並參，剛柔相濟，恩威兼施。刑法所
以尼亂，德禮所以化民。德禮之不足用於亂世，常寧尹乾氏論之備矣：

> 治國者，德禮本也，政刑末也，舍本逐末，斷未有能長治者。雖然，
> 德禮所以治治也，政刑所以治亂也。治治則閒亂於未萌，治亂則已
> 亂於既發，既發而無以已之，德禮又奚爲耶？況乎唐、虞郅治，皋
> 陶明刑，流共工，放驩兜，殺苗殛鯀，四罪而天下咸服。舜非不欲
> 以德感之，而終附於刑者，蓋有所不得已也。匪直舜爲然也，孔亦
> 有之。孔子爲魯司寇，攝行相事，三月大治。夫司寇，刑官也；相
> 事，政權也。而其所以大治，則誅少正卯其一爾。匪直孔爲然也，

孟亦言之。孟子曰：今國家閒暇，及是時明其政刑，雖大國，必畏
之矣。又曰：以生道殺民，雖死不怨殺者。又曰：殺之而不怨。然
則勝殘去殺，非可驟幾，雖善人爲邦，豈能期諸百年內與？……顧
安所得學如申、韓者，急起而捄正之，由政刑以漸躋於德禮，則禮
樂興而刑罰益中，唐、虞、三代之治，其庶幾見於今日也夫！（〈讀
韓非子〉）

刑法爲不得已，聖如舜、孔，賢如孟氏，皆藉法尼亂，因法求治，況下焉者
哉，吾人何尤於韓非！方今世衰道微，人慾橫流，戾躁詐險，爲非作歹者，
豈無其人？誠汰其殘苛，存其明正，韓非之法儻有一用者乎！然而徒法不足
垂諸久遠，霸業實非長治，必禮義以導之，仁德以化之，方足濟民淑世也。
抑有進者，吾人今日施行之民主政治與韓非倡行之專制政體，大異其趣。循
韓非之意，應世制宜，斟酌韓子之法，又焉能不損之益之，以求合於民主憲
政之原則耶！陳啓天氏云：「惟我國現代歷史，已由君主政治時代，進入民主
政治時代，則韓非學說不能完全適用於今後中國政治，自爲理所當然。概括
言之，凡韓非子學說中，無礙於民主自由原則與現行憲政制度者，皆可酌用
於今世；否則斷斷不可輕用也。」（《韓非子校釋・增訂版自序》）吾人品評其
成敗得失，溯原窮委，鑑往知來，取其與法治精神相貫者，則韓學於治道亦
不無參證之效用焉。

附錄一：致讀者書

　　《韓非子》文筆華美、犀利而又酣暢，它的結構謹嚴，析理透徹，議論精闢，自古便是讀書人愛不釋手的研習範本。看看「守株待兔」、「買櫝還珠」、「郢書燕說」、「濫竽充數」，這些膾炙人口的寓言故事，讀來真令人忍俊不禁，嘖嘖稱奇。但故事的背後，卻另有一番深刻的道理，對於我們的行事有所警戒惕勵；細細去探尋，他的主要用意還在於藉此表明相當切實的治國理論。你能不驚嘆作者的才華卓絕！

　　有人說：中國人缺乏守法的觀念，妨礙國家的現代化，培養國人謹慎守法的精神，是當前刻不容緩的要務。有人說：新加坡為維護社會紀律，採取重罰，令出必行，是他們行政績效卓著的主因。殊不知，這些都是兩千多年前韓非子再三致意的論題。他的學說不但沒有被時代的浪潮淹沒，而且歷久彌新，實在是因為他對人性有深刻的瞭解，他的主張確實是切合政治需要的緣故。

　　《韓非子》是我國先秦法家集大成的作品，是我國最完備的政治理論。那是一套面臨紛亂，能使國家振衰起敝、安定富強的治國藍圖。也許人們要擔心它太嚴肅、太深奧，但是，只要攤開《韓非子》，它那活潑鋒利的文字，鮮明生動的事例，便將深深地吸引你。兩千多年來，《韓非子》幾經流傳，讀書人輾轉研讀，連日本學者都潛心探究，其中必有它不朽的價值存在。它豐富的論據，華麗的文采，冷靜的思考，精闢的論說，不僅充實後人的學養，而且可以增進思辨的能力。無論研討它的義理內涵、寓言託意，抑或揣探它的寫作技巧，研習它的成語典故，都可以有所獲益。因此，梁啟超在「要籍解題及其讀法」中，開列國人應該熟讀的基本典籍，便包括了《韓非子》。

　　《韓非子》這本書的重要性，在於它是韓非子為了挽救祖國的危亡，順應時勢，總集法家的思想，參酌各家學說而擬就的重要作品。秦始皇曾經閱讀了《韓非子》「孤憤」與「五蠹」，大為嘆服，恨不能立刻見見作者本人。韓非子那個時代，封建貴族分治的崩潰離析局面已漸結束，而時代潮流正往帝國大一統的方向推動。由於韓非子帝王政治理想的提出，直接促進貴封建制度的瓦解與中央集權制度的建立，把中國歷史推向一個嶄新的局面。所以，我們可以說：韓非子的思想是我國歷史的產物，而韓非子也是改造我國歷史的偉大思想家。事實上，從秦始皇開創帝國，一直到清末宣統皇帝遜位，中國兩千多年的政治體制大致不變，儒家思想雖經漢武帝定於一尊，法家思想仍是政治的骨幹。漢宣帝曾經嚴正地訓誡兒子元帝，說：「我們漢家自有漢家的制度，本來就是拿霸道和王道雜糅著運用的。」三國時候，蜀先主劉備臨死告誡兒子，提到：「丞相（諸葛亮）替你抄謄申不害與韓非子的學說，希望你好好揣摩，對治國很有幫助。」由此可見，《韓非子》對於政治的確具有實際的效用，它與我國歷史關係密切。要瞭解我國兩千多年的君主統治，必得瞭解《韓非子》；瞭解了《韓非子》，對我國歷史便能有更深一層的體會。

　　綜觀我國歷史，每當國家危疑弱亂之時，總是有賴政治家實際運用韓非子學說，以求獨立自強。即以近代史來說，鴉片戰爭以後，西方列強叩關逼壓，我們過去華夏大一統的國家，不得已被迫進入新的競爭行列，比起韓非子的祖國 —— 韓國在戰國時代的情況好不了多少。學者們重新撿拾《韓非子》，發現對於國計民生確實大有裨益，並不僅僅止於苛刻而已！目前在復興基地寶島，政府勵精圖治，上下一心，莊敬自強，令全球刮目相看，我們做到了韓非子所強調的「充實自己的實力」，我們憑靠自己，不倚賴外人。但隨著物質文明的發展，我們由農業社會邁入工商社會，農業社會的道德規範不再被重視，也不足以應付新興社會的複雜問題。試看商人的欺騙奸詐，不良份子的殺人、搶劫、盜竊，似乎已不能完全憑藉教育的薰陶、道德的感化來解決問題。請看看《韓非子》吧！要重視法律與社會秩序，要培養守分守法的好國民，韓非子對政治思想的貢獻，竟然直到今日民主法治的社會還能適用。

　　對於這樣一套精闢的論說，佳妙的散文，我們怎能不試著去理解，去欣賞？我改寫《韓非子》，為求能把原典的精華通俗化、趣味化，嘗試著把《韓非子》精闢雄偉的論說與深刻耐玩的寓言錯綜排比，有系統、有條理地介紹

給讀者。書中運用簡賅的標題，提示論文的主旨與寓言的深義；並附加「解析」，來疏通古今的異同，剖析韓非子立說的特色，使讀者能思辨體會。

　　韓非子爲堅持法家學說，有時不免批判儒家理論，言論也難免有偏激之處；但是，儒家學說重視教育與德化，平情而論，效果並非十全十美，法家理論正好彌補儒學的不足。韓非子的法、術、勢兼施的全套理論，有它周密的思路，他面對現實，冷靜客觀，積極進取，觀照入微，在在給予後人深刻的啓示。但願透過這本書，讀者深入揣摩，既能瞭解前賢思想的精華；也能因應取捨，有所獲益。

　　　　　原載《國家的秩序 —— 韓非子》(《中國歷代經典寶庫》)

　　　　　民國七十年四月二十日

附錄二：韓非子難勢篇的幾個論點

　　《韓非子‧難勢篇》，是一篇純粹討論威勢統治的論文。法、術、勢三者，在韓非子思想體系中雖有連鎖關聯性，由於倡論君國政治的理想，終究還是以任勢爲大前提，所以這篇威勢統治論很值得重視。在〈難勢篇〉中，他先引用前輩法家慎到的理論，再假設儒家尙賢派的詰難，最後據理論駁，提出自己更完密的主張：強調只要能掌握威權（即任勢）、守定法度，中等智慧的國君便可以治理國家，不必冀望賢君安國，也不必畏懼暴君亂國。他可以說是煞費苦心，思索出來這麼一套「必然」能行而周妥可靠的學說。此中曲直，頗費文辭，筆者想嘗試整理出一個頭緒來。

一、黜賢任能

　　〈難勢篇〉幾乎可以看做以勢爲主題的辯論文字。它的焦點在「賢者政治」與「威勢統治」孰優孰劣，這之中牽扯到儒家人本主義與法家法治主義的立論根據。儒家的尙賢說是人本政治的主脈，就國君而言，希望君主能勤修德行，做臣民的表率，他處理政事，就一定要選用賢人，賢者在位，起領導作用，可以使不肖之人遷過改善，不但吏治清明，民風必然淳正，這是儒家對人性價值的肯定，而創立的政治理想。在孔、孟的言論中，很明顯偏談德化，所謂「賢者」的「德」重於「才」，所以儒家的賢者政治，也就是仁治。孟子、荀子都談「尙賢使能」，該是比較具體的政治方針，「論德而定次，量能而授官」（《荀子‧君道篇》），一方面著重道德的感召，一方面著重切要的政治措施。「賢」與「能」，一指德操，一指才幹，二者原不一定兼具於一身，但是，儒家的賢者大致是把它們看成二而一的。值得注意的是，儒家所謂的

「尚賢」，不只是要求國君賢德，兼指君主任選賢人從政而言，這一點一直是韓非議論中所忽略了的。

　　法家的旨趣，則在去「賢」選「能」，與儒家絕不相同。對於國君，法家的要求不在德操的崇高，而在於他能否掌握權勢、運用法術，把私德劃列在政治條件之外。慎到由道家歸入法家，摒黜賢、智而專任法、勢，〔註1〕他是法家任勢派的代表，也是韓非所推崇的前輩法家之一。他的有關任勢的一番議論，便是法家黜賢任能（專指國君而言）的具體反映。〈難勢篇〉第一段引述慎子的言論說：

> 慎子曰：飛龍乘雲，騰蛇〔註2〕遊霧，雲罷霧霽，而龍、蛇與螾（蚓）、螘（蟻）同矣，則失其所乘也。賢人而詘（屈）於不肖者，則權輕位卑也；不肖而能服於賢者，則權重位尊也。堯為匹夫，不能治三人，而桀為天子，能亂天下。吾以此知勢位之足恃而賢、智之不足慕也。夫弩弱而矢高者，激於風也；身不肖而令行者，得助於勢〔註3〕也。堯教於隸屬，而民不聽；至於南面而王天下，令則行、禁則止。由此觀之，賢、智未足以服眾而勢位足以御〔註4〕賢者也。

飛龍、騰蛇憑藉著雲、霧就能騰遊於空中，相同的道理，人君要想「騁能」，首先就必須掌握威勢，有了威勢做憑藉，即使再賢德的人也得屈服聽令。像唐堯那樣賢德的人沒有權位，誰也不聽他的；等他南面稱王，做了天子，便令行、禁止。足見賢能、才智不能用來治理國家、制服眾人，權位才是唯一的憑藉啊！韓非曾舉證說明孔子做魯哀公臣子的道理：要論德義，孔子大可不必向哀公屈服；要談憑藉權勢，哀公雖平庸卻使孔子不能不稱臣，〔註5〕也正強調勢治的效用。

　　法家對於國君，既不談「賢」的條件，而重在「能」，於是韓非根據慎子

〔註1〕這點已成定論，拙作《韓非子思想體系》（黎明文化事業股份有限公司出版）第35、36頁亦有所說明。

〔註2〕騰蛇，《後漢書‧隗囂傳》引慎子「騰」作「螣」。《荀子‧勸學篇》：「螣蛇無足而飛。」《爾雅‧釋魚注》：「螣蛇，龍類。」

〔註3〕原文作「身不肖而令行者，得助於眾也。」陳啓天《校釋》云：「疑當作得助於勢。」上句以「風」喻箭射得高的憑藉，此處以「勢」點明不肖之人得行政令的依仗，前後貫串，茲從其說。

〔註4〕原文作「勢位足以缶賢者也」，劉師培認為「缶」為「御」（駕馭）之誤，俞樾則以為「詘」（同「屈」，使屈伏）之誤，二說皆通。

〔註5〕詳見〈五蠹篇〉第五段，強調德化不如勢治之理。

的理論而加以補充，提出了「人爲之勢」——威勢的運用，做爲「中才之主」治國的憑藉，以便增加他的權能：

> 夫勢者，名一而變無數者也。勢必於自然，則無爲言於勢矣。吾所爲言勢者，言人之所設也。……世之治者不絕於中，中者，上不及堯、舜，而下亦不爲桀、紂，抱法處勢則治，背法去勢則亂。……夫棄隱栝之法，去度量之數，使奚仲爲車，不能成一輪；無慶賞之勸、刑罰之威，釋勢委法，堯、舜戶說而人辯之，不能治三家。

如果勢的內容只限於自然之勢——帝位的傳襲，那是已經固定，不能改變（法家尊君，下文將詳談），對於勢就沒什麼可說的了。所謂人爲之勢，包括了「慶賞之勸、刑罰之威」的運用，有藉法固勢的意義，事實也就指著韓非所反覆闡述的整套法、術、勢兼施的統治方術而言。他認爲在戰國那種以力相征的亂世，人人自私自利，國君處政不能冀望德化，最要緊的是如何運用一套完整的治術，達到全盤的、必然的效果。以德化民，只是偶然可行；法、術、勢兼施倒是絕對有效的。

對於臣子來說，韓非認爲也不可能「尚賢」，賢智既沒有客觀的標準，賢智之人也不見得易求，天下的官吏名額又多，全賴賢智，難免供不應求，不如量能授官，實際督課，舉凡有能力能勝任職務的便是好人選。他雖講「賢臣之經」，要求臣子能不辭卑賤，不畏險難，順上從法，忠貞無二；而且不輕易言去，不詐說強諫，不行惠收下，不離俗非上，不耗國利家（詳見〈有度篇〉）。這種尊君保國的「賢臣」只是法家理想的臣子，一般以「才德」立義的「賢」並不在考慮範圍之內。

二、君權無限

韓非爲了應合戰國時代的特殊背景，倡導君國政治理想，在當時倒眞是對症下藥，替秦國開創了大一統的局面。國君就代表國家，地位高高在上，他們賢不賢全來自世襲，實在無可如何。而爲了維護君國統治的國體，對國君極端推崇，既不談以德化民，君之德操固不在談論範圍之內。他主張絕對主權論，君臣無論賢不賢，國君享無上的權利，臣子盡無盡的義務，所以人主雖不肖，臣子不宜侵逼，臣子再賢能，也得聽命於君，即使暴君在位，也認爲難免，而堯、舜禪讓，湯、武征誅等儒家所一再稱揚的賢王行徑，在他看來也只不過貪得暴亂罷了（詳見拙著《韓非子思想體系‧尊君教育》）。也

許正如韓非所說為政必須有所棄（如沐必有棄髮）、有所忍（如彈痤飲藥必須忍痛忍苦），似乎沒有十全十美的方式；像孟子所謂「視君如寇讎」、「聞誅一夫紂矣」等兆民主先聲的高遠膽識，韓非是萬萬想不到的。於是他的國君便成了天下莫可如之何的獨裁者，他只能絞盡腦汁，希望策劃一套公平合理的法度來做威勢統治的依據，也就是他所謂的「人為之勢」。「人為之勢」強調「抱法處勢」，正是要國君能奉守法度，以法度做為行事的標準。不可否認的，韓非的主張在當時確是最切情事的，秦代法家思想大放異采，可惜由於秦皇帝的苛暴，使得它僅曇花一現。漢後初行黃老，正是與民休養生息；武帝獨尊儒術以後，法家思想卻仍不失為中國政治思想的一大伏流，試觀宣帝所謂王霸雜揉的治術，〔註6〕便可見諸子紛爭的時代已成過去，取挹各家長處的政治策略已經完備了。

話說回來，韓非如果有一套完密的法度，正本清源，能有客觀的制定標準，也有審慎客觀的擬定過程，對全國上下都有相當的約束力，可以杜防國君濫用職權、酷虐百姓，那麼，便接近君主立憲的理想，連儒者也不能加以疵議了。〈難勢篇〉中儒者所提出的純任威勢不論賢德，不肖之人用勢就如虎添翼，必禍國害民，是一段很有力的論據：

> 夫勢者，非必能使賢者用己（之）而不肖者不用己（之）也。賢者用之則天下治，不肖者用之則天下亂。人之情性，賢者寡而不肖者眾；而以威勢之利濟亂世之不肖人，則是以勢亂天下者多矣，以勢治天下者寡矣。夫勢者，便治而利亂者也。故《周書》曰：「毋為虎傅翼，將飛入邑，擇人而食。」夫乘不肖人於勢，是為虎傅翼也。使桀、紂為高臺深池以盡民力，為炮烙以傷民性，桀、紂得成肆行〔註7〕者，南面之威為之翼也。使桀、紂為匹夫，未始行一而身在刑戮矣。勢者，養虎狼之心而成暴亂之事者也，此天下之大患也。勢之於治亂本未有位也，而專言勢之足以治天下者，則其智之所至者淺矣。

儒家並不否認勢的重要性，只是強調須要有條件的運用，那便是由賢者掌握

〔註6〕 《漢書‧元帝紀》載宣帝之言：「漢家自有制度，本以霸王道雜之，奈何純任德教，用周政乎！」

〔註7〕 「桀、紂得成肆行」，如依顧廣圻說，認為下文「未始行一」承此而言，「肆行」當作「四行」，便可從李師曰剛《先秦文彙》徵《墨子‧明鬼篇》於「炮烙」下補「剚剔」二字，與上句「高臺、深池」恰為「四行」，文字亦對仗整齊。

威勢，只有賢者才能憑藉威勢治好天下。如果不強調賢人處政，那麼威勢到了不肖之人手中，便成了作惡的利器，難免要荼毒百姓了。桀、紂所以敢於做許多肆虐的暴行，就因為有天子的威勢給他們增多了憑藉，真是如虎添翼呀！由此可知，不講任賢，純粹談任勢，流弊是夠令人痛心疾首的了。

韓非因為認定國君的勢位無可改變，既不主張湯、武征誅，又不能否定確有桀、紂一類的君主殘暴酷虐，只有用「治千亂一」輕帶過去：

> 且夫堯、舜、桀、紂千世而一出，是比肩隨踵而生也；世之治者不絕於中，吾所以為言勢者中也。中者，上不及堯、舜，而下亦不為桀、紂，抱法處勢則治，背法去勢則亂。今廢勢背法而待堯、舜，堯、舜至乃治，是千世亂而一治也，抱法處勢而待桀、紂，桀、紂至乃亂，是千世治而一亂也。且夫治千而亂一，與治一而亂千也，是猶乘驥、駬而分馳也，相去亦遠矣。

認為桀、紂那種特別酷暴的君主和堯、舜那種特別慈仁的國君一樣，都是一千世才出現一次，等於肩並著肩、腳跟連著腳跟出生的怪胎，〔註8〕難得一見。只要讓佔絕大多數的中主「抱法處勢」，即使遇上桀、紂一類的暴君，也僅是太平一千世，亂上一次而已。這辯駁的論據顯然是很微弱的。說中才之主佔絕大多數是有道理的，要說賢與不肖千世一出就很難令人首肯了。這說法雖比儒者「賢者寡而不肖者眾」切合實情，在數字上也只是個誇張的對比法，不肖之君很有可能百年之間數見！即令真個千世一出，一次大擾亂，也往往就動搖國本，貽毒百世，只怕不能等閒視之。試看隋文帝何等勤樸，在位時物阜民殷；雖「猜忌苛察」，不失為法家的明君。而煬帝弒父殺兄，奪得君位，窮奢極慾，不過十二年之間，便把天下給斷送了，只兩代呀！韓非為了救危亂中的韓國，急於謀求富強，不惜下劇烈的藥物，汨喪人性，蔑視文化；雖說法治方面有許多不朽的貢獻，由於採君主集權政治，以「勢」為大前提，便很容易導致君權無限的擴張，甚而殘傷百姓、妨害國家的公利。這樣一來，幾代明法圖治的富強國家，往往因為人民怨叛，頓時化為烏有，這種忽視人類精神力量所可能造成的大害，是韓非「切實用」的政治理想一時顧慮不到的。

當然，就韓非立說的本旨看來，他絕無意讓自己法家學說演變為暴君獨

〔註8〕比肩隨踵而生，古人往往用來形容聖人難得，當以陳啟天《校釋》「為義似多而實少」意義較貼合。其取意可能來自比肩人（《誠齋雜記》、《述異記》）、比肩民（《爾雅‧釋地》），所謂連體怪胎等罕見特例。

裁的依據。他確信絕大多數的中主還不至於爲桀、紂，桀、紂固然是儒家的罪人，也是法家的敗類。韓非的法治主張已經相當的完備，依韓非的理想，國君眞正能「抱法處勢」，也絕不至於流爲肆虐百姓的暴君。《韓非子》中便舉列過不少「不辟親貴，法行所愛」（〈外儲說右上篇〉）、兢兢守法的明君。而根據韓非立法的原則，法律條文要求易知易行，它絕非動輒得咎、囹圄成市的恐怖政策，當然也不致使人民愁怨潰叛了。只是因爲倡議君國集權政治，強調君主必定要獨擅獨裁，勢成了大前提，法與術成了副題，遇到英明的國君，深知君國之利一致，能愛惜民力，自有一番新銳作風；若遇到「播其惡於眾」的「不仁」之君（見《孟子·離婁上篇》），行事全以一己的私利爲依憑，不顧百姓的死活，而他的理想臣民又只知「順上之爲」，便容易滋生流弊了。

事實上，韓非對於國君有相當嚴苛的要求，「身居至高之位，手握無上之權，而能明燭群姦，操縱百吏，不躭嗜好，不阿親幸，不動聲色，不撓議論，不出好惡，不昧利害。」（見蕭公權《中國政治思想史》）他的理想國君須是陰鷙沈著、絕頂聰明的人物，豈僅是〈難勢篇〉所謂的中主而已。不過，他的國君爲圖富強王霸之業，雖不免干涉百姓的權益，縮小百姓的自由，但絕不禍國殘民，則可斷言。此外，韓非在〈孤憤篇〉也強調法術之士「將以法術之言，矯人主阿辟之心」，〈說難篇〉反覆陳說遊說、求合、避害之難，主張爲求取國君信任，不惜蒙恥周旋，得位之後，就能「明割利害以致其功，直指是非以飾（飭）其身」，這些「賢臣」的行徑與儒家耿介諫諍的輔弼大臣幾乎一致。足見韓非爲了適應戰國時代的特殊環境，倡說君權至上的政治理想，既尊君則須卑臣，但「賢臣之經」所謂「詐說逆法，倍主強諫，臣不謂忠」，偏指飾言巧說、不合法度、背棄君利的強諫，實際上它也有權宜之策。眞正的法術之士以國爲重，爲國君除陰姦、除重人；國君有缺點，也必定要宛轉設法「諷諭」（比干的強諫，是韓非所不取的），而不會是助紂爲虐的應聲蟲。如果說韓非還有些儒學大師荀子的影響，這是一點明顯的血緣關係。他這種「賢君」、「賢臣」的構意，固然是本身學說的矛盾現象，卻也可見韓學的光明永恒面。

三、待賢不濟急

前文說過，儒家的尚賢說，一則指人君以德化民，一則指人君選賢任賢，

它的基本觀點必在於人之性善。人性善，才能以德感化；人性善，選賢任賢才有獎勵作用，使百姓有「思齊」之心。韓非的時代是個是非淆亂、人慾橫流的時代，看多了人們顯露的劣根性，又有老師荀子的性惡說的引發，韓非對於人性的基本觀點是不可能承認性善的，自然他也就否定了尚賢之說。他的時代還是君權時代，而且正往君權極端擴張的集權政治發展，〈禮運大同〉「選賢與能」公天下的民主政治理想只是個烏托邦，即使孔、孟稱揚堯、舜，也僅僅用來鼓勵國君做個聖明的君主，還沒有到倡議天下為公的地步；所以在這種環境下，韓非很自然地選了君主集權政治做為理想，〈難勢篇〉討論「主權」問題，論點便一直放在國君與國君生而在位的重點上。國君的地位不能改變，其賢與不肖與生俱來，韓非既不認為人性可化，國君修德化性更不用談，所以儒者的那段駁議：「賢德的人少，不肖的人多，純粹任勢，拿威勢去幫助亂世的不肖之人做惡，那麼憑勢擾亂天下的人一定很多。」這種說法固然是儒家反對任勢說的主要論據，另一方面卻也讓韓非抓了一個把柄。試想：韓非不承認人可學為堯、舜，儒家希望求得堯、舜那樣賢君，才能讓他秉權任勢，賢者既然少，不是成了「待賢而治」？他說：

其人（慎到）以勢為足恃以治官，客曰：「必待賢乃治」，則不然矣。……

今廢勢背法而待堯、舜，堯、舜乃治，是千世亂而一治也。

按照韓非的推論：賢君千世一出，待賢而治，勢必亂上一千世，才能得到一次太平，他的生花妙筆這麼一轉，便徹底否定了尚賢說，振振有詞，言之成理。但我們如果細細推想，又不能不說他是強為說辭。我們偏檢儒家的典籍，只有「國不可一日無君」的觀念，沒有「虛位以待賢君」的說法，空著冢宰大位尚且不可，何況元首之位？除了無政府主義倡行原始洪荒時代的理想以外，古今中外任何國家的政治理論都沒有把國君位子空著，等待理想人選的道理，韓非硬把儒家的「尚賢」、「任賢」解為「待賢」，在論辯上名不符實，是難以服人的。

再說，韓非因為倡議君主集權，眼光局限在君主本人，所以他看儒家的尚賢說，便把焦點全放在國君賢與不賢上。事實上儒家與墨家一樣，尚賢還有一層意義，便是選賢而任之。賢才無世不有，全在國君羅致，至多是代代的賢才，其聰明才智有少許的差異，絕對不至於找不到賢人的。據此，韓非的「待賢」說實在不能成立。這之中的偏差，歸根究底，是兩家學說的旨趣不同，著眼點不同。話說回來，儘管韓非「待賢」之說不符實際，他的待賢

不能濟急的設喻也削弱了力量，這比喻的手法還是相當高妙的：

> 且夫百日不食，以待粱肉，餓者不活；今待堯、舜之賢，乃治當世
> 之民，是猶待粱肉而救餓之説也。……夫待越人之善游者以救中國
> 之溺人，越人雖善游，〔註9〕而溺者不濟矣；夫待古之王良以馭今
> 之馬，亦猶越人救溺之説也，不可亦明矣。

饑餓的人能吃些薄粥，原可以活命，若一定要挑細糧、好肉才肯吃，等上一百天，非餓死不可。請善游的越人，來救溺水的人，再好不過，但越地那麼遠，等他來到中原，溺水的人早就沒救了。韓非用這兩個比喻來諷刺儒家學說陳義過高，足見他認為自己學說切實可行，何等沾沾自喜！

四、賢勢不相容

　　韓非所謂的「賢勢不相容」，是截然劃政治與道德為二，也是對儒家尚賢說的嚴厲否定。他說：

> 客有鬻矛與楯者，譽其楯之堅：「物莫能陷也。」俄而又譽其矛曰：
> 「吾矛之利，物無不陷也。」人應之曰：「以子之矛，陷子之楯，何
> 如？」其人弗能應也。以不可陷之楯，〔註10〕與無不陷之矛，為名
> 不可兩立也。夫賢之為勢不可禁，而勢之為道也無不禁，以不可禁
> 之賢與無不禁之勢，〔註11〕此矛楯之説也。夫賢勢之不相容亦明矣。

不能刺穿的盾和沒有什麼不能刺穿的矛，在理論上是不能同時成立的。韓非用矛盾律來比喻「賢勢不相容」可說是再貼切不過了。有關「賢勢不相容」的解釋，大致有兩種：一則將「賢」指為「賢人」，賢人富貴不能淫、威武不能屈，不怕任何威勢的恐嚇，是沒法強制的；而威勢的統治又須全面干涉，所以賢人與威勢不能相容。一則將「賢」解為「賢治」，指儒家稱揚的「仁者在位」的德化政治，這種賢人政治重在以身示教、以德化民，是不作興採取強制手段的。但就實際政治而言，即使賢人也勢不能不用威勢，威勢統治是任何方面都得採取強制手段的，所以說「賢勢不相容」。筆者贊同後一說，主張解為「賢治」與「勢治」不能相容，也就是明斥儒家倡言賢人秉權任勢之說自相矛盾難行。因為韓非這段議論的重心，旨在駁斥儒家的尚賢說，所以先點明「客曰必待賢乃

〔註9〕 此二句從王先慎《集解》之校文。
〔註10〕 「以」下原有「為」字，從陳啓天《校釋》據纂聞之說刪。
〔註11〕 此句從顧廣圻《識誤》校改。

治，則不然矣」，接著強調賢君在位只是「自然之勢」，勢不可必得（照後文還是千世一出呢），而倡言「人爲之勢」。他的「人爲之勢」意義上實指法家的整套治術而言，有了這套治術，「賢與不賢」便不成其爲問題了，所以他反問「賢何事焉？」然後再由「何以明其然也」，用矛盾律引出「賢勢不相容」的結論。它該是明指儒家賢君任勢之說自相矛盾，而不當指「民間的賢人不能以威勢強制」與「威勢沒有不強制的」互相衝突。也惟有如此，才與後文進一步推斷「賢君不易得」、「待賢不能濟急」可以連貫一氣。

以韓非的眼光看來，既任勢，就不能任賢，相對的，儒家使賢者任勢，也成了自相矛盾的說法。事實上，賢者任勢，並不像韓非所謂的絕對形如水火。我們雖說孔、孟偏談德化的崇高理想，並非就意味著儒家只重感化，毫無「強制性」的政刑。孔子爲魯司寇，便誅了少正卯；即使這件事有不少學者懷疑不足爲證，孟子也說：

> 仁則榮，不仁則辱，今惡辱而居不仁，是猶惡溼而居下也。如惡之，莫如貴德而尊士，賢者在位，能者在職。國家閒暇，及是時，明其政刑，雖大國，必畏之矣。（〈公孫丑〉上）

仁君行政，尊賢使能，要嚴明政教與刑罰，便是儒家尚賢任勢最好的說明！我們應當說：儒家以德爲本，以禮爲範，原是從根本處著手，做萬世法則的；在未達到大同郅治之前，刑罰是不能廢的，只是儒家干涉的幅度較小，用刑的律令較寬罷了。荀子時代較晚，大談禮治之餘，一反孟子輕刑之說，也談重刑，便因爲當時淆亂過於前代；到了韓非，乾脆不要禮治，只重政刑，摒棄師門所學而轉入法家，我們有個切情理的推斷；他是急於求見績效。善人爲邦，要想勝殘去殺，須有數十百年的功夫才能奏效；以當時韓國的危弱情形，再斟酌當時的時代環境，須下特效靈藥，所以韓非才推衍而集法家學說之大成。以韓非的思想體系而論，賢勢不相容是一有力的重要論據，但在儒家學說本身，賢者任勢（在位），倒是人存政舉，使政治轉見生機的關鍵。韓非把賢與勢看成對立，但儒家賢人爲勢卻非「不可禁」，只是重在誘導引發，希望終能臻於刑措罷了。

五、結 論

在廿世紀的今天，君主集權政治已成歷史的陳跡，我們目前採行民主政體，以萬世良法，選賢與能，爲民謀福；《韓非子》的一番論辯似已失去時效。

但由此也可覘知法家學說有其特殊的歷史背景，它有應時的方策，可惜未能樹立永久的根本，它本身實在有不容否認的弊病。兩千年來專制帝王或多或少還運用了部分法家學說，它已成了我國歷史文化的一脈。班固《漢書·藝文志》認爲法家的長處在於「信賞必罰，以輔禮制。」我們研究先秦諸子，如果拋開各家的門戶之見，避免各執一偏，儒、法兩家學說未始沒有互通之處，可以融合運用；我們固然歆嚮儒學的寬博偉大，對於韓非也可以領略他應時制宜的一番苦心孤詣了。

原載《中華文化復興月刊》第七卷第八期（民國六十三年八月）

附錄三：韓非子論民智如嬰兒

    戰國晚期，法家巨擘韓非子，集前輩法家思想之大成，倡導帝王政治理想，主張尊君抑民，一切以國家公利為依歸，他曾經有「民智如嬰兒」的設喻：

> 民智之不可用，猶嬰兒之心也。夫嬰兒不剔首則復（舊本作腹，從王先慎《集解》校改）痛，不齏痤則寖益。剔首齏痤，必一人抱之，慈母治之，然猶啼呼不止；嬰兒不知犯其所小苦，致其所大利也。今上急耕田墾草，以厚民產也，而以上為酷；修刑重罰，以禁邪也，而以上為嚴；徵賦錢粟，以實倉庫，且以救饑饉、備軍旅也，而以上為貪；境內必知介而無私解，并力疾鬥，所以禽（擒）虜也，而以上為暴。此四者，所以治安也，而民不知悅也。夫求聖通之士者，為民知（智）之不足師用。昔禹決江濬河，而民聚瓦石；子產開畝樹桑，鄭人謗訾。禹利天下，子產存鄭，皆以受謗，夫民智之不足用亦明矣。故舉士而求賢智，為政而期適民，皆亂之端，未可與為治也。（〈顯學篇〉）

這種蔑視民智，專為統治者設說的理論，無疑有其不可掩飾的缺失。梁啟超便有過批駁的言詞，他說：

> 民果皆嬰兒乎？果常嬰兒乎？使民果皆嬰兒也，須知人類不甚相遠，同時代同環境之人尤不能相遠。民既嬰兒，則為民立法之人亦嬰兒，何以見彼嬰兒之智必有愈於此嬰兒，彼立法而此不容議也？使民果常嬰兒也，則政治之用，可謂全虛。……彼宗以治者與被治者為畫然不同類之兩階級，謂治者具有高等人格，被治者具有劣等人格。殊不知良政治之實現，乃在全人類各個人格之交感共動互發

而駢進。故治者同時即被治者，被治者同時即治者，而慈母嬰兒，
實非確喻也。(《先秦政治思想史》)

在古代，人類雖然貴賤有別，但與天資稟賦並不一定有絕對的關係。梁任公
認為國君與老百姓智慧相近，韓非把統治者與被統治者截然列為智和愚兩種
階級，確實不合實情。

不過，韓非子這段理論是否真的一無是處？筆者認為，其間的得失利弊，
還是值得我輩細加探討的。

一、戰國紛亂，競富爭強

在目前的民主社會裏，如果某一個候選人政見發表會上，有那麼一個「狂
妄」的人，敢於當眾宣佈「人民的智慮淺薄狹窄，就如幼兒（古語「嬰兒」
即指「幼兒」）一般；我認為該怎麼辦就怎麼辦，儘可以不顧人民的公意如何！」
只怕他的話還沒有說完，就要被憤怒的群眾轟下臺來，而且從此成為眾矢之
的，在政壇上永遠沒有嶄露頭角的機會。

但是，倘若我們把歷史的鏡頭拉回兩千二百年前，正當戰國晚期，諸侯
爭富鬥強，把全付心神完全投注在國際間的競存以及霸權的爭衡之上，軍國
主義的思想瀰漫整個中國。在「陪臣執國命」、貴族專橫的局面上，有識之士
唯恐國君不能專制，國君要是真能專制，號令齊一，總比世卿專制的局面來
得好。章太炎先生說過：

在貴族用事之世，唯恐國君之不能專制耳。國君苟能專制，其必有
愈於世卿專政之局，故（《老子》）曰：「魚不可脫於淵，國之利器不
可以示人。」然此二語法家所以為根本。(《國學略說·諸子略說》)

法家之學因依《老子》，原是順應時需，因事備變，可說是時代環境的產物。
在那種競富爭強、圖霸鬥力的時代，國君行政，一切以國家的發展為標的，
講究的是眾志成城，往往是雷風厲行，急求速效，小老百姓的意願，便無暇
顧及。基於對作者時代環境的認識，韓非子這段理論自有其值得探討之處。
以當代環境需要而言，一時尚不可能出現民主政體，我們自然不宜用後人民
主的眼光來衡量。相反地，出自歷史的同情，我們了解：韓非的軍國主義，
著眼在「厚民產」、「禁邪」、「實倉庫、救饑饉、備軍旅」、「并力疾鬥以禽虜」，
都是相當切實的富強之策。

《史記·孟荀列傳》裏，司馬遷有一段對於戰國時代國際爭霸、致力富

強的客觀分析：

> 當是之時，秦用商君，富國彊兵。楚、魏用吳起，戰勝弱敵。齊威
> 王、宣王用孫子、田忌之徒，而諸侯東面朝齊。天下方務於合從連
> 衡，以攻伐爲賢。

由於面臨這麼一個較力鬪狠、競存爭霸的時代環境，以因應制宜見長的法家
學說成爲時代的寵兒，一時得以發揮才情的都是一些兵家、法家。若以繁榮
經濟、安定社會、富民強國的大前提來說，韓非所主張的施行「重農」、「重
刑」、「重稅」、「強兵」一些作法，確有它實際的效用。因此，它的執行，雖
加給人民相當的壓力與限制，仍是可以曲諒的。

二、前苦長利，事貴獨斷

　　如眾所周知，《韓非子‧顯學篇》原是抨擊儒、墨學說以求建立法家理論
的作品。「民智如嬰兒」本是爲了批駁儒、墨「得民心」的主張，連帶引出論
據，用來推證法家獨斷集權之必要。其上文是：「今不知治者必曰：『得民之
心。』得民之心而可以治，則是伊尹、管仲無所用也，將聽民而已矣。」韓
非認爲「得民心」即是「聽由民意」，誠然如此，伊尹、管仲等政治家便無所
作爲。事實上，在戰國那種紛亂繁雜的社會，時代的思潮，是往帝王專制政
體發展，實際政治是不可能盡由民意裁決的。儒家倡議「絜矩」之道，因此
有所謂「民之所好好之，民之所惡惡之」（《禮記‧大學篇》）的說法，但孔子
也說過：「民可使由之，不可使知之。」（《論語‧泰伯篇》）在先秦教育未普
及的時代，人民知識水準低，不易了解事理，有許多行事，賢明的政治家是
不可能完全聽從民意的。所以，即使儒家也不例外。韓非子以「聽民」、「期
適民」來說解「得民心」，是不完全相應的。

　　姑不論韓非的論點有否偏差，在當時，法家的「重刑重稅」主張，正好
與儒家的「輕刑薄歛」相反，必然很不得民心。問題是：以法家整體的思想
看來，富強是既定的國策，爲求國家的發展，政治家的決策便無法（或者說：
沒有必要）顧及一般民眾的好惡。因爲犧牲小我、成全大我正是法家所要培
養的戰鬪精神；更何況政治家的這些措施，都是爲了國家永恆的利益，雖說
難免讓百姓吃苦，吃了苦對百姓自己卻也有長足的福利，並沒有剝削壓榨的
意味在，這也就是韓非所謂的法家手段是「前苦而長利」（〈六反篇〉）的意義。
既是有這樣的把握，政治家便毫不猶豫地貫徹自己的主張。《史記‧滑稽列

傳》，褚先生補充的《西門豹治鄴》，有這麼一段：

> 西門豹即發民鑿十二渠，引河水灌民田，田皆溉。當其時，民治渠
> 少，煩苦不欲也。豹曰：「民可與樂成，不可與慮始。今父老子弟患
> 苦我，然百歲後，期令父老子孫思我言。」至今皆得水利，民人以
> 給足富。

開發水利，乃萬世之利，西門豹有高遠的眼光，但老百姓由於不習慣勞苦，
內心不願意。而事實證明：由魏文侯到漢代兩百餘年，鄴縣的老百姓都深蒙
其利，自給自足，甚而致富。這個實例，正好補足韓非的理論。

《左傳・襄公卅年》記載子產為政，說：

> 子產使都鄙有章，上下有服，田有封洫，廬井有伍。大人之忠儉者，
> 從而與之；秦侈者，因而斃之。……從政一年，輿人誦之曰：「取我
> 衣冠而褚（貯）之，取我田疇而伍之。孰殺子產，吾其與之。」及
> 三年，又誦之曰：「我有弟子，子產誨之；我有田疇，子產殖之。子
> 產而死，誰其嗣之？」

《韓非子・顯學》所謂：「子產存鄭，鄭人謗訾」，應該是取裁自《左傳》的。
由於援引的是歷史實例，更具威力。改良習俗，動用民力，誠然須要洞見它
有利無害，必成無虞，才能斷然付諸施行，否則便非大政治家的典範。從《左
傳》的資料裏，我們可以發現：子產的一些改革，是針對一些土豪劣紳，以
及侈靡成習俗的沒落貴族；抱怨他，想「殺」他的，這些不守法的人佔了大
半。難得的是：真正偉大的政治家，雖然決策施行之際不能完全取得民眾的
諒解，他政策施行的成效，卻是他為全民謀福利的最好見證，一切榮譽歸於
他，口碑載途也不為過了。

三、古代之民，無知無識

我們檢討「民智如嬰兒」的立說，必須注意到，「士」與「民」的區分，
古今不同，實質也互異。古代畛域分明，「士」以上接受教育，有參政的能力
與機會；至於「民」，則指農工商百業，也許有見地，也許很迷糊，大抵無知
無識，必須依賴「士」來領導。這些具有「士」身分的人，倘若得不到從政
的機遇，便只是一介草民；一旦有機遇，施展抱負，布衣卿相，或者竟是偉
大的政治家，亦未可知。韓非子稱揚的伊尹、管仲正是後一類人。所以，我
們不能以現代的界說來評論「民智如嬰兒」，須知韓非的「民」不見得包含「可

民可相」的「士」；而他的「智」也並非指「人格」（如梁任公所云高等及劣
等人格），抑或「智慧」，而是含藏「知識」意義在。韓非時代的老百姓知識
水準低，說「如嬰兒」，雖嫌誇飾，也接近事實。剔除少數的有知識的「士」
不論，要顧全多數無知識的「民」的意見，確實是很難的。一個明達的政治
家，在承平時期，如果不違背原則，不妨實踐儒家所謂「民之所好好之，民
之所惡惡之」；但在重大決策上，權衡輕重，儘管廣徵學者專家研討，還是無
法完全順從民意（適民）的。即令廿世紀民主政治環境，民意裁決仍是有相
當幅度的，因為雖有全民教育普及知識做基礎，從政人員參酌眾議擬決的方
針，仍須具備特殊的膽識和睿見；更何況兩千兩百年前的政治環境呢？

　　一般民主國家，也具備一些戒嚴法，那是為順應緊急狀況，諸如戰爭、經
濟恐慌等，而有權宜措施，付與政府較大的權力，以便領導國家度過危亂。第
二次大戰期間，英國內閣由二十幾個人減少為五個人，國會放寬對政府的監督，
政黨宣布休戰；在美國，國會也給予羅斯福總統自由裁量權。其目的都是為了
讓政府能夠有效而急速地應付危機，領導國家度過難關。倘若我們瞭解：英、
美兩國民主基礎深厚的國家，也經由法律許可，有適應性的緊急措施，是因為
要彌補孟德斯鳩三權分立的政府效率緩慢。或者就可以領略到：在干戈擾攘的
戰國晚期，韓非身為危亂已極的韓國公族（《史記》本傳說他是「韓之諸公子」），
急於挽救祖國的危機，他所建議的辦法，強調最高的裁判權，是有實際需要的。
這可以由他經常明言當時是「急世」，非用法家學說不為功，看出具體的輪廓。

　　但是，無可否認，「民智如嬰兒」的意念，極易使統治者的優越感，流為
殘忍寡情。再說韓非雖然也重視「法」，對於立法權誰屬，以及臣民如何約制
君主濫用威權一項完全闕漏。這固然是由於他力主君王政治理想之故，卻明
顯地極易滋生流弊。臣民既沒有約制君主的權力，如果遇上開明的專制君主，
像俄國的彼得大帝、法國的路易十四，都有足夠的睿見，引領國家邁上安定、
自由、繁榮的局面；倘若遇上昏暴的君主，一意孤行，罔顧國家的利益，蔑
視百姓的權利，卻又冠冕堂皇地假韓非「民智如嬰兒」為口實，其後果確實
不堪設想。不過，由韓非整體思想來分析，既以君國利益為大前提，實質上
是不可能違背人民利益的，因為他洞悉人性自我圖利的心理，他主張人民必
先公後私，先圖君國之利，而個人也必因此蒙利，否則「厚民產」（〈顯學篇〉）、
「使民以力得富，以事致貴」（〈六反篇〉）的一些理論便完全落空。所以，假
借韓非學說為口實，斷章取義，其實只是歪曲法家學說的自欺欺人之談。

四、今日輿情，或智或愚

前文言及，「民」的實質古今互異。在目前科學日進、文明發皇的時代，知識水準普遍提高，所有的「民」都是知識份子。換言之，今天幾乎已無「士」或「民」之分。在民主政體之下，人民都擁有參政的權力，只要關懷國家前途，有相當的睿智，便可以發抒意見，提出建議。試看今日美國，一般輿情，對於卡特總統的外交政策紛歧、違背自己的道德標準，違反民主黨傳統，損傷美國榮譽，都大發議論反對背棄中華民國。這些言論出自名教授、參眾議員、報紙專欄作家，他們深遠的眼光，豈是卡特幕僚所能及？誰敢於斷言「民智如嬰兒」？但從另一個角度看：美國在中南半島曾經投注大量的人力財力，有無數的青年埋骨荒野，而最後卻棄置不顧，任由越南、高棉、寮國沉淪於赤色烈燄之中。最大的因由，無疑是多數美國人民已厭煩越戰，總統俯順民情，結果是迫使許多無辜的人陷入被奴役的恐怖大浩劫；美國則威信掃地，又飽受十幾萬中南半島難民的煩擾，疲於應付。由此看來，人民具有睿見的實在太少；而眼眶子淺，見利忘義，因小失大的還真佔了多數。法人托克維爾（1805～1859）在所著「美國的民主」（Democracy In America）一文中，認為人民的主權，可能帶來一種災難，就是：「多數統治的暴政。」群眾的幼稚與盲目，一旦完全用來做為政治方針的唯一依憑，確實是可怕的。從這裏看，韓非子大呼「民智如嬰兒」，反對「適民」，主張明智地「獨斷」，還真有發人深省之處。

在日常生活裏，有時我們也可以發現許多道理與古人的語意近似。研讀古書，如能探求它與現實環境的相關所在，有所啟發，便不枉讀。臺灣寶島，風光旖旎，四季如春，最令觀光客驚奇的，只怕是廟宇之多了。許多「施主」花費在捐獻祈福的金錢，數目之龐大，令人咋舌；而對於教育、社會福利及慈善事業，卻是慳吝不捨分文，這些人的智慮果如嬰兒！在現代一般家庭中，電視已是不可或缺的物品，電視原是推廣社會教育的利器，但由於電視公司的商業圖利經營，完全依賴廣告收入維持開支，節目安排便不能不受一些廣告商所左右，也不能不顧及一般愛反映的低水準的電視觀眾的低級趣味。歸結到底，電視臺製作水準，也成了問題，電視真變成二十世紀的魔鬼。於此，我們不能不心生警惕：「民智如嬰兒」！英國廣播公司前經理雷斯勛爵，多年前曾感慨地說：「電視是偉大的教育工具，如果完全用來作為娛樂和私人營利的工具，對於發明電視的科學家來說，實為莫大的侮辱。」目前已有許多有

識之士提出改良電視節目的種種方案，認為不能任憑廣告主宰一切，儘可以略收費用，每戶一年分攤幾百元，免於低調電視節目的轟炸，而能收看一些有教育性、有啓發性的純娛樂節目。事實上，一些擁有電視臺的先進國家，有的也採取國營方式，或由非營利事業的社團經營，由政府對收視者徵收執照費，分配各臺開支。在我國，要想實現這種理想，暫時可能遇到許多困難，但是，有關單位很可以拿出韓非子的魄力來，為大眾長遠的公利著想，延聘專家學者，統籌計劃，研擬方針。對於一般觀眾短期的困擾，可以透過各種傳播事業，剖陳利害，誘導啓引。須知觀眾的興味也可以培養，電視果真要負起社會教育的責任，就必得恪守相當的原則，抱定不變的宗旨。這猶如偉大的母親對待孩子，在相當範圍內，可以依據孩子的性向，尊重孩子的口欲；有不少的情形，就必得運用理智去引導，而不是完全的放縱與溺愛。有關單位誠能正視這個問題，亟謀解決之道，那麼，大眾有福了。

五、權能政府，為民謀福

國父《三民主義》講求政府有能，人民有權。倘若人民能在保障全民福利的大原則之下，賦予政府全權，讓政府能發揮最大的能力，為人民謀最大的幸福，這是最理想不過的。以今日的民主社會來說，分工專業已成固定型態，要求發展，必得讓各行業的專才，就各行業的實際需求，共同研討，集思廣益，研擬方針。他們集結的智慧，由於是共同諮議的結果，必可免去各種可以預見的流弊；他們對國家的貢獻，既保障人民權益為大前提，必可避除各種偏執狹隘的私見。政府有關部門參酌學者專家的研議結論，來執行決策，由於慮事周詳，必然足以比擬伊尹、管仲的功績。民主法治的好處，便是能兼顧眾意，而又能恰當合宜，不流於淺陋。在這個專業分工的社會結構上，每一個環節都具有相當程度的作用，團體中的成員，必須各有所司，在各人的行業裏，將是被賦予全權的能者；至於其他非個人所熟知的問題，不妨屈居於「民」的地位，遵行實踐，切忌濫發議論，徒滋紛擾，因為自己極可能成為韓非時代愚拙可笑的老農！唯有人人能領悟團體公利必由眾人共同維護，在必要時，能在某些方面犧牲個人些許享受，集結力量，發揮團隊精神，才能促進國家社會的發展，謀求全民共同的福利。近代工商業發達，處於重視功利與自由競爭的環境中，已逐漸顯現許多重視個人、遺忽團體的現象；熱心公益與犧牲服務，正是一般人所輕忽的。試看民主自由國家：有的

警察罷工而遺忽維護治安之責；醫生護士罷工，見死不救；消防人員罷工，隔街觀火。這都是濫用自由，缺乏理智，未能表現愛群精神。如果今日能由《韓非子》的「民智如嬰兒」一段話中，再度喚起人類公忠體國的熱誠，團結一致，共同謀求全民的福祉，也可算是善讀古書了。

原刊《中華文化復興月刊》第十一卷第三期（民國六十七年三月）

附錄四：韓非子有關管仲遺言的論難

一、管仲的最後獻言

　　齊桓公四十一年（西元前 645 年），他的賢相管仲病了。臨危的時候，桓公親自去探問，眼見「仲父」已經病得很嚴重，桓公顧不得忌諱，率直地要求他留給自己一些誠言。當時齊桓公的心目中，念念不忘豎刁、易牙、衛公子開方。管仲痛陳利害，希望桓公能遠離這三個人。他的看法是：這三個人事奉齊桓公，都是用盡手段，違悖人情，足見狼子狼心，對國君不可能忠誠，必然另有陰謀。他說：

> 易牙爲君主味，君惟人肉未嘗，易牙烝〔蒸〕其首子〔註1〕而進之；夫人情莫不愛其子，今弗愛其子，安能愛君？君妒而好內，豎刁自宮以治內；人情莫不愛其身，身且不愛，安能愛君？開方事君十五年，齊、衛之間不容數日行，棄其母，久宦不歸。其母不愛，安能愛君？臣聞之：矜僞〔註2〕不長，蓋虛不久。願君去此三子者也。（《韓非子・難一》）

以上這段資料應當是相當可靠的，它不僅見於《韓非子・難一篇》及〈十過

〔註 1〕首子，《乾道本》作「子首」，此從《迁評本》、《趙本》、《凌本》。《韓非子・二柄》、〈十過篇〉亦當作「首子」，即長子也。《淮南子・主術篇》、〈精神篇〉亦言易牙烹（或蒸）其首子。按南蠻之俗，有啖食長子，美則以遺其君者，事見《墨子・魯問篇》，詳楊樹達〈易牙非齊人考〉、許盍臣《管子集斠》。

〔註 2〕「矜」字，《管子・小稱》、《說苑・說叢》作「務」，文義較明，俞樾《平議》、松皋圓《纂聞》據改。唯作「矜」亦自可通，龍宇純《補正》，陳奇猷《集釋》皆主各從本書。

篇〉，也見於《管子‧小稱篇》、《呂氏春秋‧知接篇》、《史記‧齊世家》與《說苑》的〈權謀篇〉。管仲以易牙、豎刁、衛公子開方三人的行事來推斷他們對桓公忠誠的可靠程度，可說是條理分明、剴切有力；歷史也證明，他觀察深刻，具有先知睿見。我們宗仰儒家學說博大親和，最主要的是因為儒家講的一套由內而外、推己及人的愛的哲學，最切合人情之常。孟子說：「老吾老以及人之老，幼吾幼以及人之幼」（〈梁惠王上篇〉），天下絕沒有不孝順的兒子、不慈愛的父親，可以開辦慈善事業，付出愛心去照顧安老院的老人和育幼院的孤兒的。易牙、豎刁、衛公子開方並不曾處於特殊狀況，諸如：戰爭、饑饉抑或緊急突發現象，他們愛子、愛身、愛母與愛君，原本可以得兼並行；卻為了巴結國君，求取利祿，而有超乎人情的舉動，連最基本的人倫都不能顧及。其心狠戾，可以想見。管仲的論斷，具有充足的理由，自可以成立，也可以博得後人的讚譽。

二、管仲的德業衝突

如上所述，管仲臨終的獻言有相當的論據，但是，法家的韓非子（西元前？年～233 年）曾經毫不容情地批駁管仲請求貶斥易牙等三人的理由不合道理，因為管仲自己的政治經歷便是一大漏洞。「以不愛其身，度其不愛其君，是將以管仲之不能死公子糾，度其不死桓公也，是管仲亦在所去之域矣。」（〈難一篇〉）《韓非子》立言的主旨，本是想推翻人為主觀的論斷，而代之以法術兼顧的「萬全」理論。他認為人臣德操的講求，並不足以根本杜絕姦佞。「使去豎刁，一豎刁又至，非絕姦之道也。」法家講的是變道、權宜應世之道；不同於儒家的常道、守經法古之道。韓非說過：「夫聖人之治國，不恃人之為吾善也，而用其不得為非也。……，為治者用眾而舍寡，故不務德而務法。」（〈顯學篇〉）人性的善端並非完全不足取，他也不曾否定人類具有善性，只是深覺在繁雜的社會裏，要仰賴禮義教化，使人們都能自修自律，是可遇不可期之事，其效果不僅是局部狹小範圍而已，又僅僅是偶然可致，機會渺茫，這與法家冀望的「聖法無不治」（〈尹文子〉）的績效未免相去懸遠。韓非主張用法治，不期盼德治，便是想達到「普遍」而又「絕對」的政治績效。他深信應該採取一套使臣民無法為非作歹的好治術，如果有這套完美的萬全治術，田常、子罕一類劫弒之臣固不足畏，豎刁、易牙更不敢為禍。就韓非的語意探索，他並不認為管仲不死公子糾是個什麼大不了的「缺點」，這是他重

實際政治、小看個人德操的緣故。不過，管仲的功罪並沒有因此被人們忘懷，兩千多年來，讀書人仍然議論紛紛，它依舊是個值得探討的問題。

孔子解答過子路與子貢的疑問，讚許管仲的「大仁」。《論語・憲問篇》記載：

> 子路曰：「桓公殺公子糾，召忽死之，管仲不死。曰未仁乎？」子曰：「桓公九合諸侯，不以兵車，管仲之力也。如其仁！如其仁！」

> 子貢曰：「管仲非仁者與？桓公殺公子糾，不能死，又相之。」子曰：「管仲相桓公，霸諸侯，一匡天下，民到于今受其賜；微管仲，吾其被髮左衽矣！豈若匹夫匹婦之為諒也，自經於溝瀆，而莫之知也！」

孔子本身是個完美的聖哲，他要求弟子們修身，也著重躬行實踐，久而久之，弟子們對於士人的德操也就要求崇高而又完美。他們由史書裏發現了德操與功業衝突的顯例，那就是管仲的「背君事讎」與「尊王攘夷」。當齊襄公在位無道的時候，他的兩個弟弟為了避免災禍殃及，前後流亡國外。鮑叔牙輔佐公子小白逃亡莒國，管仲與召忽輔佐公子糾投奔魯國。後來公孫無知弒了襄公，大夫雍廩又殺無知。小白趕回齊國，魯國也派兵送公子糾回國，管仲奉命率軍隊埋伏，射中小白的帶鉤，小白佯裝死亡，先抵達都城，做了國君，就是齊桓公。他逼迫魯國殺公子糾，召忽自殺殉節，管仲卻要求拘囚自己，希望將來還能有所作為。果然經由好友鮑叔牙的推薦，做了齊桓公得力的助手；桓公成為春秋第一個霸主，管仲也成為中國歷史上的名政治家。孔子之所以讚美管仲，因為他不僅是替齊國奠定霸業的基礎，而且為中國開創了一個嶄新的局面。一個普通的讀書人，能掌握機緣，施展抱負，扭轉乾坤，維護華夏文明，有如此偉大的貢獻，其他小節何必去斤斤計較呢！

三、管仲佐桓利齊的苦心

齊桓公糾合諸侯，一匡天下，是了不起的霸業；他存亡繼絕，尊王攘夷，很有為中國大局設想的心意。更難得的是他並非完全依憑武力，因此後人對齊桓公推崇備至。但是，齊桓公的霸業，無論如何不能剷除管仲的功勞。管仲曾運用自己的影響力，不露形跡地轉化桓公的私心，使他能尊禮重信，宗奉周王，親善諸侯，因而能有別於戰國七雄，為顧炎武所讚譽。如果沒有管仲的輔翼，齊桓公嗜欲頗深，也許只不過是個耽於犬馬聲色之娛的庸王。管仲死後，他不聽賢相的遺囑，重用豎刁等人，便是被臣子識破弱點，終於聽

任擺佈，釀成悲劇，足見桓公的自持力與鑑別力都是相當有限的。

　　齊桓公五年，柯之會，曹沫劫持齊桓公，要求歸還所侵略的魯國土地。管仲勸桓公遵守諾言，因而贏得諸侯的信賴，才得以稱霸諸侯。廿三年，齊伐山戎救燕；廿六年，逐狄救邢；廿八年，平狄，城楚丘，立衛公，都是深獲諸侯感戴的「攘夷」義舉。桓公卅年，因爲蔡姬盪舟，戲弄得他暈頭轉向，一怒之下遣回蔡姬，蔡人把蔡姬改嫁了，桓公便舉兵伐蔡，又由於蔡國親楚，就乘勢攻伐楚國。這原本出師無名，管仲卻藉此責問楚人何以不貢苞茅？昭王南征罹難，何以不曾善加護衛？這便使得宮闈間的意氣爭執成了「尊王」的懿行。桓公卅五年，襄王賜文武胙、彤弓矢、大路，交待桓公不必拜受。管仲勸齊桓公還是要謹守君臣之禮，做諸侯的榜樣。這年秋天，齊桓公自認爲有功，漸露驕慢之色，他想禹、湯、文、武受命，也不過如此，一心要「封泰山、禪梁父」（《齊世家》），簡直自居爲天子了。管仲諫說無效，便告訴桓公：必須要有遠方珍怪物品出現，才可以行封禪之禮。總算勉強遏制桓公僭越的私心。由上述事蹟看來，管仲固然未得桓公破格任用，便不能一展長才，桓公確實愛才識才，知人善任，具備霸主的相當條件；但我們不能不留意，桓公最爲人稱美的霸主道義，是管仲政治理想的付諸實現。管仲的偉大在此，他眞正是影響中國歷史的關鍵性人物。

　　至於子路、子貢疑慮的問題，管仲爲什麼不爲公子糾殉節？《管子‧大匡篇》，記載召忽談及公子糾如果事敗，自己決定自殺殉主，管仲向他表明心跡：

> 夷吾之爲君臣也，將承君命，奉社稷以持宗廟，豈死一糾哉！夷吾
> 之所死者，社稷破，宗廟滅，祭祀絕，則夷吾死之。非此三者，則
> 夷吾生。夷吾生則齊國利，夷吾死則齊國不利。

這段話顯示：管仲以天下國家爲己任，具有一種「社稷爲重，君爲輕」的價值觀念。他認爲自己有足夠的才力可以爲齊國謀利，只要國家存在，他便不看輕自己，孔子也替他解釋：「豈若匹夫匹婦之爲諒也，自經於溝瀆，而莫之知也。」（《論語‧憲問》）《管子‧大匡篇》的文字，雖有可能是後代法家者流揣摩管子心意加以美化而構成理論，卻也可以看出法家人物對於出仕的積極態度。清初大儒黃宗羲（梨洲）在《明夷待訪錄》中也有近似的看法，他說：「我之出而仕也，爲天下，非爲君也。爲萬民，非爲一姓也。」（〈原臣〉）他的幅度比《管子‧大匡篇》所敍的還要廣泛。他的政治理想是：國君要爲

天下萬民謀福利（〈原君〉），臣子也要為天下萬民謀福利。真正是孟子「民為貴，君為輕」的觀念，因而超出家族的拘囿與君主本身的限制，成為專制政體下尊君卑臣思想的一種嶄新突破。讀書人有志用世，把握各種機會，以圖一展宏猷，原不足為非。伊尹有所謂：「何事非君？何使非民？治亦進，亂亦進。」（《孟子·公孫丑上篇》）便是這種積極進取的心理反映。韓非子也表示過這一類的觀點：

> 伊尹為宰，百里奚為虜，皆所以干其上也。此二人者皆聖人也。然猶不能無役身以進，蓋如此其汙也。今以吾為宰虜，〔註3〕而可以聽用而振世，此非能士之所恥也。（〈說難〉）

在法家的變道哲學裏，勇於創新，勇於面對現實、迎接困難，而為國興利之心絕不為傳統的道德觀念所羈束。由這個角度來論管仲不死公子糾而改事齊桓公，應該可以有相當的理解。不過，話必須說得清楚：管仲能建立不朽的功業，維護先王禮樂與衣冠文物，那不僅「夷吾生則齊國利」，而且是天下萬世蒙其利，他不殉節，便有足以曲諒的理由；如果沒有建樹，僅是尸位素餐，苟且偷生，他背君事讎，貪慕榮利，便失去強勁有力的辯辭了。

四、管仲應該推薦接棒人

　　齊桓公在我國歷史上可以說是赫赫有功，名垂不朽；但他的下場，卻是個罕見的大悲劇。由於素好女色，三個夫人之外，另有六個如夫人（與夫人地位相近的妾），同父異母的五個兒子都想繼承君位，平時勾心鬥角，私下培養勢力不用說，桓公一死，五位公子就忙著爭奪君位，沒有人想到要為老父斂葬。桓公停屍床上六十七天，屍體長了蛆蟲，甚至爬到門檻外頭。這時離開管仲之死，不過兩年。肇亂的因由，在於桓公不僅不曾聽納管仲的遺諫，遠離豎刁、易牙、衛公子開方，反而任由他們勾結黨羽。桓公死，易牙就進了宮，「與寺人貂（豎刁）因內寵以殺群吏。」（《左傳·僖公十八年》）一場擾亂延續了兩個多月，齊國從此一蹶不振。

　　為何齊桓公與管仲不能預先杜防禍亂？君臣二人曾經立公子昭（後來的孝公）為世子，囑託宋襄公照拂，卻沒有更進一步的安排。北宋·蘇洵寫過〈管仲論〉，有這麼一段文字：

〔註3〕 「吾」下原有「言」字，於義不適，茲從高亨《補箋》刪。

嗚呼！仲以爲威公〔註4〕果能不用三子矣乎？仲與威公處幾年矣，
亦知威公之爲人矣！威公聲不絕乎耳，色不絕乎目，而非三子者，
則無以遂其欲。彼其初之所以不用者，徒以有仲焉耳。一日無仲，
則三子者可以彈冠相慶矣！仲以爲將死之言，可以縶威公之手足
耶？夫齊國不患有三子而患無仲，有仲則三子者匹夫耳，不然，天
下豈少三子之徒哉！雖威公幸而聽仲誅此三人，而其餘者仲能悉數
而去之耶！嗚呼！仲可謂不知本者矣！因威公之問，舉天下之賢者
以自代，則仲雖死而齊國未爲無仲也。夫何患三子者？不言可也。

他的看法與韓非相同，認爲桓公嗜欲很深，即令誅貶易牙等三人，也難保不
再受小人包圍；因而他確信管仲還不如積極地趁機推薦賢者來接替自己輔弼
國君，自然可以杜絕小人倖進，桓公也不致「蟲流出戶不葬」了。蘇洵並且
進一層分析：比起晉文公的霸業來說，齊桓公與管仲的才器遠超過晉文公與
舅犯等晉臣，國家的聲威也較盛，齊桓公更是維持近四十年的霸主身分，晉
文公卻不到十年。但晉文公死後一百多年，晉國仍能勉強撐持霸主的局面，
齊國從桓公過世之後，就根基動搖，一蹶不振。究其原因，不外：晉國的新
君還有許多老成持重的大臣相輔，齊國的管仲卻是後繼無人。蘇洵的意見是
可取的。卿相是諸侯政治的核心人物，上輔君主，下治百吏。有管仲在，齊
桓公的嗜欲有相當的節制，豎刁等人也不能成其爲禍害；沒有管仲，桓公縱
欲無拘，豎刁等人巧佞巴結，藉機排擠賢臣，自攬政權。如果管仲能推薦理
想人選做自己的接棒人，齊國的霸業或者可以延續。

　　但是，若說管仲不薦賢自代，是釀成禍因，誤盡齊國，似乎也責之過嚴。
《管子‧戒篇》、《韓非子‧十過篇》、《莊子‧徐无鬼篇》、《列子‧力命篇》、
《呂氏春秋‧貴公篇》，都提及管仲否決鮑叔牙接替自己的職位，而力薦隰朋。
依據他的分析看來，大抵以君國利益著想，不全是基於私人情感。管、鮑至
交是人所熟知的，《史記‧管子傳》用絕大的篇幅描摹兩人的交情，管仲得於
鮑叔牙的眞多。此刻桓公欲用鮑叔牙，管仲另薦隰朋，絕不是心胸狹窄，忘
恩負義，而是大公無私，客觀論人，因才器使。問題是：管仲推薦隰朋，隰
朋卻只比他多活了十個月，看情形是年邁羸弱，於齊國政局沒有多大的裨益。
由此也可以推證：管仲輔佐齊桓公四十年，居然沒有培養理想的接棒人，以
致人亡政息，齊國霸業無法垂久，無論如何，這是管仲政治生涯的最大缺陷。

〔註4〕　「威公」即「桓公」也，宋人避欽宗之諱，以「威」代「桓」，下文同。

五、管仲應該提示法術之言

　　在先秦諸子中，儒、法兩家的最大殊異，在於儒家主張人治，法家主張法治。儘管《漢書・藝文志》把《管子》列入道家，《隋書・經籍志》則列入法家，後人都推管仲爲法家之首，管仲的許多政績也確實是後代法家稱揚的楷模，我們還是得說：管仲臨終進諫遠黜豎刁等人以及舉薦隰朋的論點，是比較接近孔孟儒家色彩的。也正因爲如此，戰國晚期的韓非子要特意就此加以駁論，重心就放在法治思想的強調。韓非子一直在探索永久通用的原則，可以避免「人存政舉，人亡政息」（《禮記》、《中庸》）那種人治主義，以「人」爲政治樞紐的弊病。韓非子認爲管仲所說的，「非絕姦之道也」，桓公如果不能克服內心的嗜欲，便禁不住豎刁、易牙一類邪臣的汩感，事實正是如此。他借題發揮，提出法術兼顧的政治主張。他相信國家要有固定的用人原則（法），國君要有高明的控制手段（術），管仲應該提示這些道理，它是治國的根本辦法。

　　現存的《韓非子》中收有〈難篇〉四篇，「難」（讀去聲）是辯駁的意思。他選取歷史傳說中的故事與言論加以辯駁，進而闡說法家治國爲政的理論。〈難一篇〉第三節，由管仲的遺言說起，觝排管仲的見解，提揭個人行法用術的理論。管仲雖是韓非認可的理想政治家之一，由於主觀意念的融會，韓非堅信歷史進化觀，對於管仲的言行不免有褒有貶，這不僅不成其爲不敬，相反地，應當是可喜的現象。這證明偉大的思想家自有其獨立而完密的思緒，因而對於前人的思想不完全接納，而會有所批判；於此也顯見，管子與韓非各有其活潑的思想與獨特的見解。當然，前修未密，後出轉精，韓非後於管子四百年，他的主張自然有其周詳可取之處。

　　綜括韓非的論難，他以爲桓公死得悲慘，癥結在於人臣任用方面有弊端。他指出兩個可行的重點：杜絕倖進，專任分職。用人必須避免有些臣子投機倖進，矇混求利；必須避免臣子權勢太大，壟斷政局。就前者而言，國家必須有一套公平客觀的銓敘辦法，國君運用循名責實的參驗方術去考核獎懲、銓敘官吏。根據多方面考察與諮詢的資料，[註5] 評斷功罪，決定賞罰與遷貶。由於方法周密、客觀、切實，臣子沒有門徑取巧，便會安分守法，豎刁一流的姦臣便不敢蠢動，這是杜絕倖進矇混的基本辦法。所以〈難一篇〉說：「君舉功於臣而姦不用於上，雖有豎刁，其奈君何！」這正是「用其不得爲非」（〈顯

〔註 5〕即所謂「行參揆伍」是也，詳〈八經篇〉立道節。

學篇〉）的道理。他的理想是：國君明定賞罰，貫徹實行，公平而有法度，臣子自然竭盡心力，最後境界是臣子祿利得逐，國君功德兼備。

就專任分職而言，韓非提倡君主集權的帝王政治理想，國家的政治大權當然要由國君掌握，絕不能落入權貴重臣之手。否則大臣專擅權柄，一手遮天，國君便成了傀儡，群臣的各種情態不能了解，政情好壞，禍福吉凶，也由不得自主。他說：

> 且桓公所以身死蟲流出戶不葬者，是臣重〔註6〕也。臣重之實，擅
> 主也。有擅主之臣，則君令不下究，臣情不上通，一人之力能隔上
> 下之間，使善敗不聞，禍福不通，故有不葬之患也。（〈難一篇〉）

韓非在〈孤憤篇〉裏，曾為「重人」專權、虧法、耗國的自私自利大發憤慨，可以與〈難一篇〉並讀會觀。要避免重臣專擅的困擾，維護君主的威勢，韓非認為應該：

> 一人不兼官，一官不兼事；卑賤不待尊貴而進，大臣不因左右而見；
> 百官修通，群臣輻湊；有賞者君見其功，有罰者君知其罪。（〈難一
> 篇〉）

強調劃分職權，分工專任，每個臣子各有職司，不兼任、不兼事，便可以杜防專攬重權的弊端，也不致有互相推諉塞責的毛病。他倡言的循名責實之術，雖不允許臣子言論托空，侈言求榮，卻主張廣開言路，只要有切實可行的建言，不受權貴重人的壟斷與左右嬖倖的矇蔽。賞罰必定要有具體可見的功罪，絕不偏聽權貴大臣的一面之詞。這是韓非威勢統治融合人君權術運用的理論，其實也是一套很客觀的用人方法，因此歷代學者抨擊韓非學說的不乏其人，而對於他的實證精神卻多讚譽之辭。即使在今日民主社會裏，各種企業管理的人事任用，也都還有參酌借資的價值。

韓非子冀望依據客觀的準則，擬定周密可行的法制，以求垂諸久遠，這種構意，比起儒家人本主義的賢者政治來說，並不遜色，而且相當進步，其精神近似後人的法治。齊桓公與管仲的是非榮辱已是歷史的陳跡，後人卻能藉由韓非子對他們的議論，披揀許多寶貴的箴言，這是《韓非子》永恆的價值之一。

原載《師大國文學報》第九期（民國六十九年六月）

〔註6〕「重」或「勢重」在《韓非子》中，意即威勢，〈孤憤篇〉稱有權勢而不守法
之當道顯貴為「重人」，〈內儲說〉下與〈喻老篇〉，用「勢重」指權勢、威勢。

參考書目

1. 《論語》。
2. 《中庸》。
3. 《大學》。
4. 《左傳》。
5. 《管子》。
6. 《商君書》。
7. 《孟子》。
8. 《荀子》。
9. 《淮南子》，漢·劉安。
10. 《史記》，漢·司馬遷。
11. 《鹽鐵論》，漢·桓寬。
12. 《戰國策》，漢·劉向。
13. 《法言》，漢·揚雄。
14. 《論衡》，漢·王充。
15. 《漢書》，漢·班固。
16. 《孔叢子》，漢·孔鮒。
17. 《抱朴子》，晉·葛洪。
18. 《三國志》，晉·陳壽。
19. 《北史》，唐·李延壽。
20. 《李文公集》，唐·李翱。
21. 《歐陽文忠公集》，宋·歐陽修。
22. 《資治通鑑》，宋·司馬光。

23. 《東坡集》，宋・蘇軾。

24. 《欒城文集》，宋・蘇轍。

25. 《朱子語錄》，宋・朱熹。

26. 《郡齋讀書志》，宋・晁公武。

27. 《子略》，宋・高似孫。

28. 《黃氏日鈔》，宋・黃震。

29. 《困學紀聞》，宋・王應麟。

30. 《升菴集》，明・楊愼。

31. 《筆叢》，明・胡應麟。

32. 〈韓子迂評序〉，明・門無子。

33. 〈刻韓子迂評序〉，明・陳深。

34. 《日知錄》，清・顧炎武。

35. 《四庫全書總目提要》，清・紀昀。

36. 《司業文集》，清・陳祖范。

37. 《柏梘山房文集》，清・梅曾亮。

38. 《韓非子拾補》、〈書韓非子後〉，清・盧文弨。

39. 《東塾讀書記》，清・陳澧。

40. 《春在堂文集》，清・俞樾。

41. 〈書韓非子後〉，清・王棻。

42. 《文集》，清・吳汝綸。

43. 《玉函山房叢書》，清・馬國翰輯。

44. 《國故論衡》，章炳麟。

45. 《檢論》，章炳麟。

46. 《子疏》，劉咸炘。

47. 《果庭文錄》，熊公哲。

48. 《國學發微》，劉師培。

49. 《國學研讀法三種》，梁啓超。

50. 《國學概論》，程發軔。

51. 《國學概論》，傅隸樸。

52. 《國學概論》，李曰剛。

53. 《中國哲學史》，馮友蘭。

54. 《中國哲學史大綱》，胡適。

55. 《中國倫理學史》，蔡元培。
56. 《中國思想史》，錢穆。
57. 《中國學術思想大綱》，林尹。
58. 《中國學術思想論叢》，吳錫澤。
59. 《中國政治思想史》，蕭公權。
60. 《中國政治思想》，劉麟生。
61. 《先秦政治思想史》，梁啓超。
62. 《先秦政治思想》，王雲五。
63. 《先秦文彙》，李曰剛編。
64. 《先秦諸子學》，嵇哲。
65. 《先秦諸子繫年考》，錢穆。
66. 《諸子大綱》，張壽鏞。
67. 《諸子通考》，蔣伯潛。
68. 《僞書通考》，張心澂。
69. 《老子哲學》，張起鈞。
70. 《中國古代法理學》，王振先。
71. 《中國法家概論》，陳啓天。
72. 《法家述要》，陳啓天。
73. 《商鞅評傳》，陳啓天。
74. 《管子經濟思想》，黃漢。
75. 《荀子研究》，楊筠如。
76. 《荀子與古代哲學》，韋政通。
77. 《老與法》，封思毅。
78. 《古代中國文化》，胡秋原。
79. 《中國散文史》，陳柱。
80. 《先秦文學》，游國恩。
81. 《周秦兩漢文學批評史》，羅根澤。
82. 《荀子集解》，清·王先謙，世界書局本。
83. 《韓非子集解》，清·王先愼，藝文書局本。
84. 《韓非子校釋》，陳啓天，中華、商務書局本。
85. 《韓非子集釋》，陳奇猷，世界書局本。
86. 《韓子淺解》，梁啓雄，學生書局本。

87. 《韓子新釋》，尹乾，東北大學存書。

88. 《韓非》，謝无量，中華書局本。

89. 〈韓非及其政治學〉，陳啓天，《校釋》附。

90. 〈韓非學述、生卒考〉，陳奇猷，《集釋》附。

91. 《韓非子研究》，趙海金，正中書局本。

92. 《韓非學術思想》，黃秀琴，華僑出版社。

93. 〈韓非子引耑〉，李曰剛，講義。

94. 〈韓非及其學術思想〉，李伯鳴，香港《聯合書院學報》二期。

95. 〈韓非政治思想底研究〉，黃少游，《革命思想》十六卷六期。

96. 〈韓非學術原於老子說〉，羅宗濤，《師大國研所集刊》八期。

97. 〈法家論賞罰之研究〉，汪大華，《復興崗學報》四期。

98. 〈荀子影響於法家之師法論點〉，翁之鏞，《法令月刊》十一卷三期。

99. 〈先秦諸子研究概觀〉，梁容若，《師大學報》二期。

100. 〈論諸子淵源〉，張人駿，《國專月刊》一卷一期。

101. 〈辯韓〉，黃源澂，《國專月刊》一卷五期。

102. 〈讀韓非子〉，陳耀南，《華國》四期。

103. 〈讀韓非子札記〉，趙海金，《大陸雜誌》二九卷十二期。

104. 〈韓非人口思想評述〉，張敬原，《民主評論》七卷十三期。

105. 〈由韓非的人性觀說明其政治思想〉，周道濟，《幼獅學報》一卷二期。

106. 〈韓非新傳〉，陳千鈞，《學術世界》一卷二期。

107. 〈韓非之時代背景及其學說淵源〉，陳千鈞，《學術世界》一卷三、四期。

108. 〈韓非子評論〉，胡拙甫，《學原》三卷一期。

109. 〈韓非子書考〉，陳千鈞，《學術世界》一卷一期。

110. 〈韓非的著作考〉，容肇祖，《中山大學語歷研究所週刊》一卷四期。《古史辨》。

111. 〈讀「韓非的著作考」志疑〉，鄧思善，中山大學《語言歷史研究所週刊》二卷廿四期。